『収益店舗』所有の極意

和合 実 著

はじめに

平成18年3月に『収益不動産所有の極意』を上梓してから、平成19年3月に『出口からみる収益不動産投資』、平成20年3月に『一目瞭然！数値で発掘　収益不動産』、平成22年1月に『知れば得する収益不動産』を続けて世に出した後、このたびの出版まで随分執筆活動から遠ざかっていました。この間、出版社からは幾度も執筆依頼がありましたが、考えないようにしていました。書こうと思えば書く時間は作れたでしょうが、書きたくなるような題材が見付からなかったというのが本音です。

最後の出版以降は、主に収益不動産の仲介業務に力を入れてきました。和合実の収益不動産に対する見方をご理解いただけた方々に、収益不動産を購入していただいてきたのです。私と関わりをもってくださった顧客には、収益不動産を持つことで失敗のないようにとの強い思いをもって対応させていただいてきました。そうしますと、どうしても収益不動産の見方に厳しくならざるを得ませんでした。必然的にご紹介できる物件にも限度が出てきます。すべての物件にどこか不足する部分がありますので、比較の中で検討せざるを得ません。例えば、A物件よりはB物件、B物件よりはC物件がいいからこれをお勧めしようというような感じです。私には私のビジネススタンスがあります。それは、顧客との関係において、「WIN－WINを目指す」ということです。これは『収益不動産所有の極意』で紹介しているように、私の一貫した信条です。ここには〝利他〟の精神がありす。すなわち一人勝ちをしないためのバランス感覚が重要と思ってのことです。私が利益を得ても、顧客が損をするかもしれないと思えば、その物件はお勧めしないようにしてきました。

物件を選別し、いいと思う物件が出るまで、お待ち願うしかありません。ですから、結果的に私からの物件紹介を待っても、なかなか紹介してもらえないという不満も聞こえてきました。各々の物件には大なり小なりリスクが潜んでいます。そのリスクを許容できる人でないと、もし購入できたとしても後悔につながりかねません。こちらがそういう思いでも、それを理解されない方もおられましたから、思い通りにはいかないものです。説明不足で嫌な思いをさせてしまった方には申し訳なく思っています。そういう方は自然と離れていきますので、私との信頼関係を感じてくださっている顧客のみが、私とお付き合いしてくださって今日があります。お付き合いしてくださっている顧客の皆様には、この場を借りて、御礼申し上げます。

平成25年の半ば頃から、不動産市場に変化の兆しを感じ始め、これまで仲介してきたアパートやマンションに関し、紹介できる物件がかなり減少してきました。それは収益性の悪化、空室率の増加、空室期間の長さ等々の問題が顕在化してきたからです。ちょうどそのころ、『出口からみる収益不動産投資』に記した、和合実の最終形である「店舗」に目を向けようと思い至りました。私もこのころ、銀行から店舗物件の購入にも融資を受けられる状態になっていました。店舗を購入したいと思って約10年目です。私がここで言うところの店舗とは、1敷地1テナントの収益店舗のことです。例えば、ロードサイドの敷地500坪に建つコンビニ店舗のようなもので、入居しているコンビニが退店したら、賃料は入ってきません。ですから、退店リスクの取れる人にしか銀行は融資をしないのです。すなわち、賃料が入ってこなくとも、他の所得で返済が確実にできる人のみに融資をするということです。アパート・マンションですと、仮に10室あるなら、10室同時に退去が起こるということはないと考えられていますから、銀行も空室率を想定して融資をします。そのため、一定以上の年収のあるサラリーマンが初めて購入するアパート・マンションの融資には積極的な銀行も多いのですが、店舗は賃料がゼロ百になりますから、融資がネックとなって買いたくても買えない人が多いのです。私もその一人でしたが、やっと私に対する与信も上がり、店舗融資への道が拓けたのです。そのため、店舗をまず自分が買って、実践してから、その上で顧客にもいい物件があれば積極的に紹介していこうと思ったのです。

収益不動産に関する本は、今や数え切れないほど出ていますが、そのどれもがアパート・マンションの投資本で、店舗について書かれた本は全く見当たりません。それは「融資」の問題だと思われます。いくら買いたくても融資を受けられなければ買えない人が圧倒的に多い訳です。そればかりでなく、そんなゼロ百のリスクは取りたくないと思われる人が多いのではないでしょうか。すなわち、店舗に興味を示す人が少ないということかもしれません。それでは、店舗に関する本も売れないのかもしれません。

先に記しましたように和合実の最終形は「店舗」なのです。その意味は、収益不動産の大半を店舗で所有したい、あるいは、所有物件は店舗物件だけにして、住居系物件は所有しないという意味です。それほど私は店舗に魅力を感じていました。そのきっかけは、私のサラリーマン時代に遡ります。所有形態が店舗中心であった顧客との出会いにあります。当時、私は建設会社に勤務していましたが、土地活用といえば、ほぼ100％賃貸マンションであったのです。営業活動の中でその顧客にお会いしました。「マンションは建てません。土地活用をするなら店舗しかしません。」という方でした。私はその顧客の意味するところを知りたくて、何度もご自宅に伺いました。そのうち店舗に関して興味が湧き、この顧客が言わんとされることを理解することができました。それ以来、私もいずれ店舗を所有してみたいと思い続けてきたのです。

私は人のできないことにチャレンジするのが好きなものですから、それなら私が収益店舗の魅力を伝えるための本を執筆しようとの思いが湧いてきたのです。ですが、そのためには、収益店舗を見る目を養わないと、説得力が伴いません。そこで実践を心掛けました。その実践とは、物件概要書でいいかもしれないと感じた店舗は、北海道から鹿児島まで、全国の売り店舗を見に出掛けたのです。現地確認した結果、本当に良ければ仲介もしますし、自らも購入していきました。その折気付いたことですが、全国区で店舗のみを扱っているのは私以外にいないのではないかと…。

旅費も掛かりますし、見に行ったすべての店舗がビジネスになる訳ではありませんから、そんな非効率なことをする人間は、私以外にはいないだろうとも思えました。それでも私には十分なビジネスになっています。それに、その土地その土地の良さを肌で感じることができました。今では、特に北海道や東北地方がお気に入りになっています。

アパート・マンションと違って、売りに出ている収益店舗は非常に少なく、その中で条件を付ければ、全国的に見ても数は限られてきます。売り店舗をネットで検索しても、空室のものが大半で、テナントへ賃借中の店舗は極端に少ないのです。その中で「これは」という店舗を探すのですから、数に限りがあるという理由がおわかりいただけると思います。私のところに入ってくる売り店舗情報の内、現地確認に行くのは、平均して月に4件ぐらいです。その内成約するのは1件という感じです。本格的に店舗を扱い始めて3年半の間に、こつこつ店舗を探しては見に行くということを繰り返し、その中から自らが購入し、あるいはお世話させていただいた店舗数は、約40物件になっています。すでに私が足を運んでみた店舗数は、150以上になっています。

では、どのように店舗の良し悪しを現地確認して決めたのか、それらの店舗をなぜ私が購入し、あるいは顧客にお勧めしたのか、これらの実践を踏まえて、収益店舗のことをまとめたものが、本書になります。

今回の出版で、私は一つの区切りをつけたいと思っています。私のビジネス上の理想は、顧客の喜びが利益につながることです。一時的な信頼関係は崩れやすい場合があります。何かのご縁でお知り合いになり、ビジネスをさせていただく訳ですから、一過性のものではなく、長いお付き合いをしたいと思ってきました。不器用ではありましたが実践してまいりました。それに関し一定の満足度も得られたという思いもあり、仲介業務は近い内にやめようと思っています。そのあとは、宅建業者さん向けに私のノウハウをお伝えするための活動やコンサル業務を中心にやっていければと思っています。

多くの宅建業者さんにお会いしてきましたが、収益物件に対する知識が十分とは言えない業者さんも多々おられたように感じています。それではビジネスチャンスを失うことにもなるでしょうし、顧客満足度を上げることは難しいだろうと感じることもしばしばでした。それはなぜかといいますと、売買契約をすることだけに意識が行き過ぎているからのように思えます。仲介業務は「売買すれば終わり」と考えておられ、後はお構いなしです。確かに仲介にはそういう一面もありますが、顧客を育ててリピーターになってもらった方が、仕事としては効率が良いように思います。どうも一回限りの仕事のやり方になっています。私のやり方がベストだとは思っていませんが、私の考え方に共感をもってくださった業者さんだけにお伝えしたいのです。僭越な表現になるかもしれませんが、収益店舗に関する融資の受け方や、収益不動産にまつわる顧客ニーズへの対応に関し、その知識レベルはかなり高いと思っています。その知識は自ら収益不動産を所有し、どうすることが失敗しないことにつながるかを常に考えて、実践しながら身に付けたものです。一朝一夕にして身に付けたものではありません。その知識やノウハウに興味を示してくださった業者さんに、それを伝授する機会を持ちたいと思っています。本書を、店舗を扱われる、あるいは扱いたいと思われている業者さんにも、是非ご一読いただければと願っております。

それでは、本書の章立てについてご説明いたします。本書は4章からなっています。

第一章では、「店舗の定義」を示しています。和合実がここで申し上げる店舗とは、どういう店舗を意味しているかをご理解していただきます。そして、なぜ私が店舗に興味を持ったのか、そのきっかけはどこにあったのかを記述しています。

第二章では、店舗はどのような経緯で建てられ、誰が所有しているのか、いい店舗が売りに出ないのはなぜか、店舗はどんな点に優れているか等の疑問に答え、店舗の魅力を探っていきます。

第三章では、和合実が関与して顧客に購入していただいた「お勧め店舗」の実例を示し、どんな点に注意し、どんな観点からそれを「お勧め店舗」と考えたかを記述しています。

第四章では、店舗を見る目の養い方、購入の判断基準、購入の仕方、あるいは店舗を所有するに当たって考えられるリスクについての質問に対し、回答をするという形式で記述しています。

それぞれの章の最後に「章のまとめ」として、簡潔に列記していますので、各章のポイントとして、読んでいただければと思います。

店舗に関心をお持ちの読者の皆様に、何らかのヒントや参考になる情報を提供できるようにと考えて執筆しました。ご期待に添う内容になっているかどうか心配な点もありますが、一つでもお役に立つ情報がありましたら幸いです。

このたびの出版に当たりましては、何度もお声掛けくださり、ずっと執筆を期待して待ってくださった、株式会社清文社取締役玉江博氏をはじめ、編集部諸氏に心より御礼を申し上げます。

著者

平成28年9月

第三章
『お勧め店舗』の実例

第四章

店舗購入・所有の仕方とリスクに備えて

第一章

店舗の定義と大地主さんとの出会い

1 和合実の「店舗」の定義

本書は「店舗」について書いていています。店舗と聞いて、読者の皆さんはどういう店舗をイメージされるでしょうか？　商店街のお店をイメージする人もいるでしょう。今では多くの商店街でシャッター通りと言われるように寂れてしまった商店街も少なくありませんから、そうイメージした人は店舗が投資対象になるとは思いにくいかもしれませんね。近所にある昔ながらの商店も店舗です。駅前にも店舗はありますし、繁華街にも店舗はあります。店舗と一口に言いましても、いろんな店舗をイメージする人もいますから、本書で取り上げる店舗とは、どういうものを指して言っているのかをはっきりさせる必要があります。すなわち、「店舗の定義付け」です。

私がここで述べる「店舗」の定義を、まずお話しておきます。売り店舗を不動産投資サイトで探しますと、掲載されている大部分が区分所有店舗、すなわち、マンションの1階2階にあるような区分登記をされた店舗の売り情報がほとんどですから、区分所有の店舗物件をイメージされるかもしれませんが、そうではありません。私がこれからお話する店舗とは、通常、「ロードサイド店舗」といわれるもので、例えば、駐車場の多くあるコンビニ店舗のような物件をイメージしていただければわかりやすいと思います。面積的には目安として150坪～1000坪程度の比較的広い土地に平家建ての店舗と駐車場だけの物件を指します。テナントさんは、飲食・物販・サービス業等です。そのような形態で、原則、「1敷地1テナントの物件」を指します。例外的に、2階建てのものや1敷地に複数テナントの入った店舗、あるいは駐車場のない駅前店舗（駅から徒歩1～2分程度）や一棟貸しの倉庫・営業所も含めます。そして、大事なことはどのケースにおいても現在賃貸中であることです。

では、なぜ区分所有の店舗を除外するかといいますと、区分所有の店舗では、担保価値が小さくなるため、融資額が伸びないことが多いのです。そのため、購入するには自己資金割合が大きくなります。それでは数を増やすこともできません。私がお勧めする収益店舗は、担保価値のあることが前提になります。銀行が区分所有物件に担保価値を見出さないのは、そもそも区分所有店舗は実需での購入ニーズが少ないので、銀行は融資を受ける債務者が仮に返済不能となった場合、最終的に処分できる価額を念頭においているため厳しく査定するのです。担保掛け目は、流通性のある区分所有マンションと違って、より低くならざるを得ないのです。それに区分所有では、解体して更地で売却するということもできませんから、もし、テナントが退去して、次のテナントが決まらなくとも当然月々の管理費は払い続けないといけません。賃料が入らないのに出費は続く状態となり、返済も含めますと負担が大きくなります。

また、管理規約等でテナントの業種や業態、あるいは営業時間帯に拘束があるなどの規制がかかっていることもあり、不自由さもあります。これも一般論ですから、区分所有店舗でも、ここなら安心して持っていいという物件もない訳ではありません。しかし、ここで私がお話する店舗の定義には、区分所有は含めないと思っておいてください。

2 私が店舗に興味を持った訳（大地主さんとの会話）

平成19年に出版した『出口からみる収益不動産投資』の212ページに、和合実の最終形として、3つの目標を掲げています。①借金はいつでも返済できる状態にあること、②立地条件の良い店舗物件のみを所有していること、③キャッシュフローが月額100万円以上あることです。この3つの目標を完全にクリアするには、まだもう少し時間が掛かりますが、クリアした時には、③の目標金額を超えていることになると思います。私はすでにアパート・マンション物件は所有していません。すべて店舗のみの所有になっています。その数についてあえて申しませんが、複数あることは確かです。不動産投資を行っている人で、店舗のみを所有しているという人は非常に少ないのではないかと思うのですが、それを推奨している訳ではありません。でも、人口減少がすでに始まっている時代に、アパート・マンションのみを所有するより、3棟以上すでに所有されている方は、店舗にも目を向けてみるのもいいのではないかと思っています。私はアパート・マンション物件を所有するより、店舗物件を所有する方が自分には向いていると思っています。店舗物件の良さは改めて申し上げますが、一言で言いますと「手間が掛からず楽」です。

私が店舗に興味を持ったのは、サラリーマン時代にお会いした大地主さんとの出会いに遡ります。それは今から17年ほど前のことです。当時私は建設会社に勤めていました。私の仕事は建築の受注営業でしたから、土地の有効活用の営業でその方のご自宅に伺ったのです。その地主さんが所有されている更地に、「賃貸マンションを建てませんか？」という営業でした。しかし、その地主さんは、「マンションは絶対建てません。店舗を建てるのなら建築を任せてもいいので、先にこの土地を借りてくれるテナントを見付けてきてください。」と言われたのです。その立地は、地下鉄の駅から徒歩5分ぐらいで、準幹線道路に面していて、周辺には住宅が多く、人口密集エリアで、その準幹線道路沿いには大型の店舗が複数建っているエリアでした。

その地主さんの土地は約２００坪、店舗を持ってきても周辺環境になじみ、何ら違和感のない土地でした。私は敢えてその地主さんに質問しました。以下は、私とその地主さんとの会話です。

和合：なぜ店舗がいいのですか？

地主さん：一棟だけマンションを建てて持っているのですが、築年数も古くなってくると、改修工事や維持費に出費もかさみます。入居者からは賃料の減額交渉が入ります。退去があればその都度リフォームをしないといけません。新たに入居者付けを賃貸会社にお願いし、入居者が決まると2か月分の広告費を支払わないといけません。今では入居者から敷金として月額賃料の2か月分も取れたらいい方です。建築当初は、敷金として6か月分預かっていましたし、敷引きも2か月分はいただいていました。でも、今では敷引きも取れなくなってきています。また、滞納する人も増えてきています。家主業を考えますと、だんだん儲からないビジネスになってきているように思えるのです。それに、このマンションは30年ローンを組んで建てました。銀行からは変動金利の元利均等で借入をしましたから、15年目以降から返済額は一定でも、経費になる金利よりも経費にならない元金部分が増えてきて、そのため税引後のキャッシュフローが悪くなり、持っている楽しみがなくなってきているのです。

和合：15年目以降ぐらいからキャッシュフローが悪くなってくるのは、マンションを建てた地主さんのほとんどが感じていることですね。そのキャッシュフローを改善するために、再度マンションを建てる人もおられますね。

地主さん：それを繰り返していたら、いつまでたっても借金は減りませんよ。建設会社は次から次と仕事になっていいかもしれませんが、地主にとっては大きなリスクにもなります。それでは知恵がないというものです。

和合：店舗はすでにお持ちですか？

地主さん：持っていますよ。今、6棟ほど持っています。

和合：6棟もですか、もし、差し支えなければ、その店舗はどんなテナントさんが借りているのか教えてもらえますでしょうか？

地主さん：いいですよ。主に飲食店に物販店です。スーパーやホームセンターもあります。どれも名前の通った大手チェーンばかりです。これらすべては、私の所有地にテナントさんからの建築協力金で建てたものばかりで、だいたい15年ほどの間、賃料と相殺して返済をしています。それもあと数年で、すべて返済が終わります。

和合：それはすごいですね。大手さんばかりだといろんな面で安心ですね。

地主さん：大手のテナントさんは楽ですよ。最初に建てたマンションはまだ借金があるのに、後から建てた店舗はもうすぐ借金の返済が終わります。銀行からの借金でないから、金利の支払もないし、返済額はテナントさんが毎月賃料と相殺し、残額を振り込んできます。私は最初から建築協力金の返済後の賃料が実質賃料と思って計画していますから、返済に対する負担感が全くありません。それに一度も滞納はありません。
和合：お答えづらい質問をさせていただいてもいいでしょうか？
地主さん：はい、何でしょうか？
和合：ちなみに、そのテナントさんからの月額賃料というのは、どれくらいですか？
地主さん：一番大きいところで、600万円で、400万円のところもあります。
和合：それは素晴らしい。そうしますと、すべて合わせますと、月額2000万円は超えるということですか？
地主さん：そうですね。超えると思います。
和合：それって、ものすごいことですよ。いろんな地主さんにお会いしてきましたが、店舗賃料だけで、それだけの収入のある人に私はお目に掛かったことがありません。ちょっと、興奮してきました。
地主さん：たまたま相続して持っている土地が店舗向け立地であったからできたことです。マンションは相続税対策になるかもしれませんが、大きな借金をすることが前提でしょう。それはナンセンスだと思っています。私はまだ相続を考える年齢でもありませんし、相続税は現金で支払えばいいと思っています。足らなければ、どれか一つ売れば何とかなります。

和合：私は相続税対策や固定資産税を考えますと、マンションの方にメリットがあると思っていましたが、税金対策は眼中にないということですか？

地主さん：あまり気にしていません。それより借金漬けになる方が怖いですよ。実際にお金を残してくれているのは店舗の方で、マンションははっきり言って儲かっていません。お荷物状態です。

和合：そうなんですか。店舗は先程、楽と言われましたが、具体的にはどのように楽なのですか？

地主さん：繰り返しになりますが、マンションは退去の度にリフォーム工事をしないといけないですし、広告費も発生します。管理会社への毎月の管理費や、共用部分の電気代や水道代、エレベーターの保守管理費の支払もあります。また、古くなると、大規模修繕もありますし、お金が貯まるより、出ていく方が多く感じますよ。それに、退去のたびに立ち合いを求められます。賃貸会社と入居者募集の条件のことで打ち合わせをしたり、工事会社との打ち合わせに支払の処理と、とにかく時間と手間暇が掛かるのが苦痛なのです。時折、入居者からクレームを聞かされることもありますしね。割に合いませんよ。

和合：店舗に掛かる費用はどうですか？

地主さん：店舗の外装は地主負担になっていますが、内装はテナントさんが負担します。いわゆる、スケルトン渡しのスケルトン返しが基本ですから、基本的に修繕費は掛かりません。テナントさんは大手ですし、客商売ですから、内装は定期的に改装されていますし、その時一緒に外装もテナントさんが思うように塗装をしたりしてくれています。修繕するとしたら、屋根の雨漏れがないように防水工事を15年に一度くらいのペースでやり直すぐらいです。共用部がないので、余計な費用は掛かりません。管理費もありませんから、出ていく費用がほとんどないのです。何か用事があれば先方から来てくれますし、それも年に1回あるかないかの程度ですから、賃料を得るために私が掛ける時間はほとんどないに等しいのです。毎月することと言えば、通帳に家賃が入っているか確認するぐらいで、先ほど言いましたように一度も滞納されたことはないですから、これほど楽な商売はないのではないかと思っていますよ。

和合：そうなんですね。私はそれほど店舗が楽とは知りませんでした。悪いことは全くないのですか？　例えば、賃料の値下げ交渉とかありませんか？

地主さん：私には悪いところは見当たりません。賃料の値下げ交渉は何度かありましたがすべて断りました。嫌なら出ていけばいいと。こちらが強気なものですから、相手も「この地主は手強い」と思ったのか、最近は言ってこなくなりました。

和合：もし、賃料の値下げを断ったがために、本当に退去されてしまったらどうするのですか？

地主さん：それでもあまり心配していません。そのテナントの競合他社に声をかければ、興味を示すところもあると思っていますし、実際に今のテナントさんが出たときは、声をかけてくださいと言われるテナントさんに会ったこともあります。私の土地がテナントさんには、出店先として非常に魅力的な土地なのです。それは周辺の人口密度が高く、車の通行量も十分あって駐車場も取れるとなると、なかなかここに変わる出店用地のないことがテナントさんと話をしている内にわかってきたのです。

和合：そういうことをテナントさんから聞き出したのですね。それを逆手にとって交渉される訳ですから、テナントさんにとっては手強くなるのですね。先ほど、まもなく建築協力金の返済も終わると言われていましたが、そうしますと、ますます入金額が増えるのですから、手元に残る金額も大きくなるでしょうね。余計なお世話ですが、それの使い道はありますか？

地主さん：元国税調査官であった和合さんには、かないませんね。あたしの懐具合まで読んでしまわれるから、笑ってしまいますよ。

和合：申し訳ありません。つい気になったものですから。

地主さん：貯まった現金はすべて銀行に預けています。そうすると銀行がこちらから頼まなくても、何か資金の必要はございませんかと、私の自宅まで訪ねてきますよ。要するに、金を借りてくれということです。そんなものは必要ないけど、銀行とはうまく付き合っておく方が得なこともあるから無下にはせず、資金の必要な時は声をかけるからと、いつもそう言って帰ってもらっていますよ。賃料の受取口座は3行に分けてあるので、3行ともに同じように言ってあります。

和合：どうして3行なのですか？

地主さん：1行取引だと、すべての収入を把握されてしまうし、もしその銀行がつぶれでもしたら、大変でしょう。今や銀行もつぶれる時代だから、分けておくに越したことはないと思っています。それに2行以上の取引だと、互いに競争してくれるから、融資を受ける時も低い金利で借りることができるでしょう。私ぐらいの規模だと、3行あれば十分かと思って、3行と仲良く付き合っているのです。

和合：地主さんは、そこまで考えて銀行とお付き合いされるのですね。

地主さん：すべての地主がそうしているかどうかは知りませんが、銀行におだてられて、高い金利で融資を受けてマンションを建てている地主も知っていますが、その人はお人好しだから、建築費の相場もわからず、建築会社に大分儲けさせていると思うよ。私は何度も経験を積んでいるから、店舗建築費の相場観もあるし、建築会社の言う通りにはなりませんよ。
和合：それは私にとってドキッとする話です。お手柔らかにお願いします。雲行きが悪くなってきそうなので、話を元に戻させてください。将来銀行でお金を借りる必要性はあるのでしょうか？
地主さん：それはありますよ。いい店舗があれば、土地付きで買おうと思っていますから、その時に借入をしようと思っています。
和合：店舗とは、すでに賃貸運営されている、いわゆる「オーナーチェンジ物件」と言われるものですか？
地主さん：はい、その通りです。
和合：例えば、どのような店舗をイメージされていますか？
地主さん：まず、価額は2億円までの大阪市内物件で、幹線道路の角地店舗がいいと思っています。業種は、コンビニ、ファミリーレストラン、物販店でもOKです。土地はできるだけ広い方がいいですが、価額に上限を決めていますので、その範囲内で検討したいと思っています。
和合：なるほど。角地店舗をお好みなのには理由がありますか？
地主さん：大手はできるだけ角地店舗に出店したがります。角地の場合、仮にテナントが退去しても、その後の入居付けを比較的楽に行えます。
和合：角地でない場合は、すべて見送りですか？
地主さん：そういう訳ではありません。でも、接面が一方向だけの場合、少なくとも間口は最低30ｍはほしいですね。
和合：それには理由がありますか？
地主さん：車での来客を想定していますから、あまりスピードの出るところでは、それでも足らないくらいです。要は車がその店舗の敷地内に入りやすいかどうかを目安にしています。
和合：では、利回りはどれくらいを望まれていますか？
地主さん：だいたい、表面で10％ぐらいです。
和合：そんなに高い利回りで店舗は売りに出るのでしょうか？
地主さん：いいえ、滅多に出ません。出ないから出たときにはすぐに買えるようにしておくのです。大阪市内ですと高くて８％がいいとこです。
和合：出ないことをわかって、それでも待つというのには何か理由がありますか？
地主さん：理由は簡単です。低い利回りのものを買う必要性がないからです。私は付き合いのある不動産仲介業者に希望する店舗の条件を伝えてあります。それに該当する物件が出たときだけ、紹介してほしいと言ってあるのです。

和合：それでそういう物件は過去に紹介を受けられたことがありますか？

地主さん：はい、2度ばかりあります。1度目は、建物が古くなってきていましたので、融資がネックになって買主が現れなかったようです。1億円超の物件でしたが、それを私は現金で購入しました。2度目は、土地面積が狭く、駐車場が取れないので見送りました。今は良くても、将来困るかもしれないと考えたからです。私は一度買えば、手放すことは考えていませんからその辺は慎重に判断しています。見掛けが良くても内情はわかりません。私は買えなくても困りませんからね。その店舗にはどういう客がどういうルートで入っていくか、それを1時間くらいは現地で見ています。その物件の利回りは10％以上ありましたから、どなたかが購入していると思います。

和合：マンションですと、いい物件は即判断をしないと買えないとよく言われますが、店舗の場合は違うのですか？

地主さん：それはそうですが、私の場合、融資を使うつもりですが、手持ち現金でも買うことができます。業者は私が現金で買うことを期待しているので、じっくり時間を掛けて判断しても、その間に買われてしまったということはありません。むしろ、あまりせかされるようだと、その理由を聞き出します。安い買い物をする訳ではありませんから、急がすなら他の顧客にその情報を持って行っていいよと言ったこともありますから、急がされることはありません。
和合：お見それしました。ちなみに、店舗で融資を受ける時の注意点はありますか？
地主さん：都市銀行とも付き合いはありますが、メインは地方銀行にしています。地方銀行の方が親切ですし、融通もききますから。店舗の融資は難しいと聞きますが、私の場合そういうことはありません。
和合：それはそうでしょうね。聞く人を間違いました。ご友人の方で、店舗物件を購入される人はいますか？
地主さん：滅多にいません。店舗は数も少ないですし、賃料がゼロ百になるので、リスクが高いと思っている人の方が多いですから。
和合：リスクはやはり高いのでしょうか？
地主さん：それは一般論の話ですよ。立地を間違えなければ、私はリスクが高いとは思いません。それが証拠に、私が建築協力金で建てた店舗のテナントさんはどこも退去していません。退去するのは、立地条件が悪いということかと思います。
和合：なるほど、それでは長く入居してくれている店舗の所有者は、売りに出す理由がないのではないでしょうか？

地主さん：それはそうでしょうね。売られているものから良いものを見付けるのは大変ですが、売る方も自分の物件の良し悪しをわからずに売っている人もたまにいますよ。それは、すべて業者任せにして、価額を決めているからでしょうね。

和合：立地のいい物件は高くて当たり前と思っていましたが、そういうこともあるのですね。それは業者に見る目がないからですか？

地主さん：そうです。そもそも業者も店舗物件を数多く扱っている訳ではありませんから、利回りや、土地の相場観で価額を付けているように思います。でも、実際には同じ条件の店舗はありませんから、たとえ隣同士の店舗でも、間口の広さや、駐車場の台数、車の入りやすさ、視認性、信号からの距離や土地面積によって、価額は違って当たり前と思っています。でも、一律で価額付けをされていることの方が多いので、割安に見える物件もあるということです。

和合：テナントの付けやすい店舗物件がいいということですね。それがそうでない店舗物件と同じような単価で土地代が付けられていれば、割安に見えるということですね。

地主さん：そういうことです。そういう物件で、なおかつ利回り10％以上の店舗物件を探していますから、1年に数件あればいい方です。それでもあきらめずに探していますと、経済環境の悪い時期には買う人が少なくなるから、出てくることもあるということです。

和合：そういうチャンスを狙って店舗物件を購入しようとしているのですか、私の知らない買い方です。そのほかに何か気を付けていらっしゃることはありますか？

地主さん：私の土地でテナントを誘致する場合、リースバック方式で行いますが、その時、雛型の賃貸借契約書をテナントが通常持ってくるのですが、私はそれに特約を加えたり、契約内容そのものを変えたりすることもあります。

和合：それは内容に不備があるからですか？

地主さん：いろんなところに貸していると、見えてくるものがありました。ほとんどの場合、テナント有利になるような書き方をしている訳です。なぜなら、テナントが作っているのですから、自分のところに不利になるような賃貸借契約書は作らないのです。

和合：それはそうですね。

地主さん：ですから、その点をよくチェックして、地主有利になるような内容に特約で追加したり、契約条項を書き換えたりして、それでないと契約しないと言って交渉します。そうすると、テナントはどうしても出店したければ、契約条項についても変更に応じてくれます。

和合：それはすごいですね。それも交渉事でしょうが、余程慣れていないとできない交渉だと思います。いろいろ教えていただきまして、ありがとうございました。非常によくわかりました。

ざっとこういった内容でした。多少脚色している点もありますが、この地主さんに基本的な考え方を教えていただいたのは確かです。今でも詳しく覚えているのは、その時の印象が私にとって非常に強烈であったからなのです。

その後、この地主さんの所有地に、ロードサイドの飲食店を全国展開しているチェーン店の誘致をし、その店舗建築の工事を受注しました。その時に感じたことや、そこでまたこの地主さんに教わったことを記します。

この土地は、車の交通量も多く、周辺は人口の密集しているエリアでもあります。店舗を誘致したいと言われたのはこの地主さんです。元々この地主さんと知り合いになったのは銀行の紹介でもあるのですが、地主さんと話をしていて感じたのは、銀行を評価していないということでした。銀行は賃貸マンション建築をこの地主さんに提案して、数億円の融資を使ってもらいたいという思惑があったのですが、なかなか話に耳を傾けてもらえないと思っていた訳です。それはそうだと読者の皆様もすでにご理解いただけていると思いますが、銀行の担当者は、この地主さんに融資をすることが一番の仕事ですから、何とか成果を挙げたいと思う気持ちもわからなくもありませんが、この地主さんの考え方を理解せずに、融資に結びつくはずはありません。私は銀行担当者に、「この地主さんは、マンションは絶対建てられませんよ。考えておられるのは、テナントを先に見付けて、建築協力金で店舗を建てることです。融資につなげたいなら、売りに出ている店舗物件を見付けて、それを買ってもらい、その時に融資を使ってもらうというのであれば、必ず話に乗ってこられますよ。」とお伝えしたのでした。そのあと、この担当者がどういう動きをしたか覚えていませんが、それ以降この地主さんのところには顔を出さなくなりました。

私はこの地主さんと話をするのが楽しくなり、また地主さんにも気に入られたようで、その後何度もご自宅にお伺いするようになりました。すでにテナント探しをしていましたので、その進捗状況を報告しに行っていたのです。2か月後、この地主さんの希望を叶えられそうなテナントさんが見付かり、地主さんからも話を進めてほしいということで、テナントさんと賃貸借の条件について交渉をしました。テナントさんは、この土地に面した路線で出店したいと考えておられましたので、是非とも出店できるように話をまとめてほしいと依頼されました。テナントさんから、賃料、敷金、建築協力金、賃貸借期間についての提示を受け、これまでに出店してきたときに使われているこの会社の標準賃貸借契約書で契約をしたいという申し入れがあり、その条件を地主さんに報告しました。地主さんからは、にこにこしながらもすぐには返事を頂けません。しばらく考えさせてくださいということでした。1週間後、地主さんから電話があり、ご自宅に伺うことになりました。以下が、その時の会話です。

和合：1週間、ご検討していただいた結果はどうでしたか？

地主さん：土地を貸そうと思っていますが、条件の変更をお願いします。変更内容はこちらに書いています。それに賃貸借契約書の内容の変更について、赤ペンで修正していますから、これを先方にお伝えください。

和合：拝見します。月額賃料は、60万円から70万円に値上げですね。建築協力金の返済期間は15年から20年に変更、それに合わせて賃貸借期間も15年から20年に変更、敷金は100万円から200万円に変更、それと、20年以内に退去する場合は、違約金として建築協力金及び敷金全額没収ですね。

地主さん：そうです。この条件をテナントさんに承諾してもらってください。

和合：賃貸借契約書の修正部分がかなりありますね。修正のポイントは何ですか？

地主さん：テナントの標準賃貸借契約書というのは、テナント側に不利にならないように書かれてあるものなのです。すなわち、貸し手側に不利になることもあるのです。リスクをどちらがとるかは交渉次第です。私は、そのリスクが私にあると感じた部分をテナント側で負担してもらいたいと思っています。そこを修正しているのです。

和合：なるほど。これまでにお貸しになっている土地の賃貸借でも同じようになさっているのですか？

地主さん：すべてではありませんが、３件目以降はだいたい修正した条件を呑んでもらっています。最初は私もわからなかったのですが、テナント誘致店舗３件目の時に、かなり条件で揉めたのです。最後に「それでは貸せません。この話はなかったことにしましょう。」と私がその時申し上げると、どうしても出店したいと思っていたテナントさんは、最終的に私の条件を呑んだのです。それ以降、私はその条件を提示したとき、テナントがどれぐらい出店したいと思っているかの踏み絵になると思ったのです。

和合：踏み絵ですか？　もし、出店をあきらめますと言われたらどうしますか？

地主さん：その時は、そのテナントと縁がなかったと思ってあきらめます。でも、土地活用をしたいのですからそのままにはしません。その出店したいと言われたテナントと同業種のテナントに声をかけ、出店を検討してもらいます。

和合：それは素晴らしい発想ですね。同業他社と競争しているテナントさんにとっては、みすみす他社に出店の余地を与えられては立つ瀬がありませんね。

地主さん：その通りです。ですから、最初は呑めないと言っていた条件でも最後は呑んでくれるのです。多少その条件の中で譲るところもありますが、それも織り込み済みです。こちらの条件を提示して、それをすべて呑んでくれたらそれで良しです。呑んでくれなければ断ることにしているのです。でも、テナントも簡単にあきらめませんから、交渉は難航しますよ。きっと。

和合：そこまでわかってこの条件を提示されているのですか。私は無知なので非常に勉強になります。賃貸借契約書では賃料の変更協議は3年ごととなっていますが、当初10年間は見直しをせず、その後3年ごとに見直し協議をする。ただし、協議が整わない場合は賃料は据え置くこととすると、修正されていますね。賃料は下げないというメッセージですね。

地主さん：これは私のビジネスです。とにかく、この条件をテナントに返してみてください。たぶん、抵抗されると思います。時間が多少掛かるかもしれませんが、テナントと交渉して、どれだけ私の言い分を呑ませることができるか、それが和合さんの仕事ですよ。

和合：私はどんな反応がテナントさんから返ってくるか、予想もつきませんが、地主さんのご要望を最大限聞いてもらえるように交渉してみます。

地主さん：よろしく頼みますよ。

地主さんは、にこにこしながら、私に条件書と修正された賃貸借契約書を手渡され、私はそれを持っていったん会社に戻りました。再度その条件や修正された賃貸借契約書を読み返し、どういう趣旨で修正されているのかを地主さんの立場で考察しました。修正部分の意味するところを理解できたとき、改めて「この地主さんはかなりの切れ者だ」と感じました。なぜなら、賃貸借期間中のリスクはすべてテナント側で負担をすることとし、貸主に不利になるような内容は一切排除されていることがわかったのです。これはテナント貸しの店舗を複数持つ地主さんだからこそできることです。頭のいい人ですから、経験からどう修正すればリスクを排除できるか、それを知り尽くされた契約内容であると感じました。私はこの内容をテナントさんがすんなり呑んでくれるとも思いませんでしたので、正直気持ちは重くなりました。簡単にまとまると思っていた私の甘さと、この地主さんが一筋縄ではいかない手強い人であることを思い知らされました。数日後、テナントさんに地主さんからの条件書等を整理してお渡ししました。一通り目を通されたテナントさんは、「このままでは社内稟議は通せません。呑めるところと、呑めないところを整理してお返事しますので、しばらくお時間をください。」との返答です。少し気色ばんだ表情を見せられたので、これは相当厳しい内容であることが私にも察せられました。それから1週間後、テナントさんから連絡があり、面談日時を決めて来社してもらいました。その時、テナントさんからの再度の条件書の提示がありました。

テナントさん：条件書の再提示をさせていただきます。賃貸借契約期間と建築協力金の返済期間は20年で了解です。敷金の２００万円も了解です。ただし、賃料は、月額65万円でお願いします。賃貸借契約書の赤字の修正部分は、そもそもこの賃貸借契約書の変更は想定していません。内容を変えるのでしたら、特約に書き込む形になります。でも、多くの特約は稟議が通りません。最低限の特約になるように話をまとめてください。

和合：賃料はこれ以上上がりませんか？

テナントさん：70万円はきついです。このあたりの賃料相場も調べましたが、65万円でも坪単価で計算しますと高い方です。

和合：私の印象ですが、この地主さんはかなり手強い方ですよ。店舗物件を数多く持っておられるので、すんなりいくとは思わない方がいいですよ。賃料に関してはおそらく納得されないと思いますよ。

テナントさん：それでも交渉をお願いします。弊社としても何とかこの路線で出店したいのです。空地を探しましたがここしかないのです。和合さんに是非ともまとめていただきたいと思っています。

和合：御社の条件は再度お伝えしますが、簡単にはいかないと思っておいてください。私が今まで出会った地主さんの中でも、この地主さんの知識は相当なものです。私なんか足元にも及びません。それくらいの人であると思って対応されることが肝要ですよ。

テナントさん：そこまで和合さんが言われるのなら、そうかもしれませんが、私も数々の地主さんと交渉して出店してきましたので、条件がまとまらないようでしたら私をその地主さんのところに連れて行って、直接交渉させてください。

和合：地主さんがそれでもいいとおっしゃるのでしたらそうしましょう。それ以外の条件についてはいかがですか？

テナントさん：敷金と建築協力金の違約金については、20年間は呑めません。せめて10年間にしてもらいたいです。我々も出店する以上、10年での撤退は考えていません。できれば20年でも30年でも借り続けたいのです。でも、社会情勢や経済環境の変化を10年以上先まで見通せませんから、撤退も絶対ないとも申せません。それに賃料の変更交渉は、賃料条件が周辺相場と照らし合わせて、そぐわなくなってきた場合のことを想定していきます。賃料が下がる場合もあれば上がる場合もあります。そこをご理解していただきたいと思っています。ですから、当初10年間賃料の見直しがなく、その後も値下げには応じられないという内容ですから、弊社としてもここは応じられません。

和合：その言い分はわかりますが、この地主さんに通じるかどうか……。私は通じないと思いますよ。

テナントさん：そこまで言われる地主さんでしたら、まとまる話もまとまりませんよ。まとまらないと御社も工事を取れなくなりますよ。

和合：工事が取れなくては私も何をしているかわからなくなりますが、この土地で土地活用されるのは間違いありませんから、御社と条件が合わなくても、条件の合うテナントさんを改めて探すだけです。弊社は地主さんと工事請負契約をするので、地主さん側に立って交渉します。私は御社にも損をしてもらいたくないと思っています。地主さんと条件が合わないのなら、やめた方がいいと思っています。

テナントさん：弊社も十分検討はしますから、何とか地主さんを口説いてください。よろしくお願いします。

私はまだこのテナントさんが地主さんのことをよく理解していないなあと思いましたが、テナントさんからの条件変更を伝えに地主さん宅にお伺いしました。

和合：本日はテナントさんからの再条件をお伝えに上がりました。

地主さん：私の条件は呑んでくれましたでしょうか？

和合：それが再度の条件書ですが、すべて呑んでいる訳ではありません。一部抵抗があります。

地主さん：月額賃料の70万円は譲れないと言ってください。ここは絶対条件です。敷金と建築協力金の違約金は、10年以下の撤退は没収、それ以降20年以内の撤退の場合、敷金は半金没収、建築協力金は残額を放棄にしてください。

和合：内容的には、テナントさんの撤退が10年以降なら敷金１００万円の没収を免除するだけの変更と同じですね。

地主さん：そうです。ここは再度、絶対条件と言ってください。

和合：そのほかはどうですか？

地主さん：内容変更は、特約でも構わないのですが、9割以上は呑んでもらわないと契約はできませんね。

和合：再度返事をいたしますが、先方は直接地主さんと話をさせてもらいたいと言っています。それでも構いませんか？

地主さん：それでも構いませんが、まとまる話を持って来てもらわないと会う意味がないと言っておいてください。とりあえず、賃料の70万円と違約金の条件を呑んでもらってからの話にしましょう。ここを交渉されても譲れないと、はっきり伝えてください。それが無理ならこの話は流しましょう。私はそれでも構いません。この最低条件を呑んでもらってから、契約内容について詰めたいというなら会うことにしましょう。和合さん、あまり時間を掛けずに了解をとって来てください。このテナントさんなら、この賃料で出店をあきらめるということはないとみています。頼みますよ。

和合：承知しました。早速、お返事を戻して再検討をしてもらいます。

このような感じで、地主さんはいたって強気の交渉を要求されます。地主さんのこの自信はどこから来るのかと思いました。本気度を感じましたので、最低条件と言われた部分は何としてもテナントさんにクリアしていただけないと、前に進まないことだけは確かです。その旨をテナントさんに伝えますと、

テナントさん：それは厳しい条件です。社内に諮ってみますが難しいと思います。
和合：難しいのでしたら、出店しないということでいいですか？
テナントさん：いや、そんなことを言っていませんよ。出店は是非ともしたいのです。
和合：それではこの条件を呑んでもらわないと、前には進みませんよ。

テナントさん：それをうまくまとめるのがあなたの仕事ではないのですか？
和合：私を責めてもどうにもなりませんよ。出店できなくて困るのは誰かということです。私も地主さんも困らないのです。困るのは御社だけでしょう？　御社がこの条件を呑むか呑まないかだけの問題ですから、勘違いしないでください。

テナントさんも、私もこの時ばかりは感情的になってしまいました。冷静に考えますと、一番困るのはこのテナントの担当者の方で、うまく地主さんを説得できていないことに、この方の上司がこの担当者に圧力をかけてくることが想像できました。そこで、私はこの担当者に助け舟を出しました。

和合：よろしければ、私があなたの上司に面談して、この地主さんのご意向を直接伝えましょうか？
テナントさん：そうしていただければ私も助かります。ぜひお願いいたします。

そういうことで、翌日、私はそのテナントさんの会社に伺い、上司の方と会って地主さんの意向をお伝えしました。条件の折り合いがつかなければ、私はこの話がまとまらなくても仕方がないと思っていると、本音で話をしました。しばらく思案されていましたが、最後には、どうしても出店をしたいと考えているということで、その条件を呑むと言われました。その他の条件に際しては、直接地主さんとの交渉要望が出ました。私はそれを承知しました。その会社を出たその足で地主さん宅に伺い、最低条件を呑まれたことをお伝えしました。

地主さん：やはり呑みましたか。もう1回ぐらい、粘ってくるかと思っていましたよ。

和合：私はひょっとしたら、あきらめるかなと思っていました。担当者は真剣に難しいと思っていることがわかりましたので、直接その人の上司に会って話をしてきたのです。その上司と話をしてもだめなら、私は一から別のテナントさんを探そうと思っていました。

地主さん：私はこのテナントさんなら、最後は呑むと思っていましたよ。

和合：その他の条件については、直接地主さんと会って話をしたいと言われていましたが、それは構いませんか？

地主さん：それは約束したことですから構いませんよ。和合さんがテナントさんを連れて来てください。一緒にお会いしましょう。

和合：承知しました。テナントさんは早く地主さんに会いたいとおっしゃっていましたから、早めに連れてまいります。

そんなことで、テナントさんの担当者とその上司と一緒に地主さん宅に後日伺うことになりました。

地主さん：お待ちしていました。どうぞお上がりください。

和合：ご紹介いたします。こちらが上司の野山さんです。そちらが担当者の田村さんです。

野山さん：野山と申します。このたびは、ご面談の機会をいただき、誠にありがとうございます。

田村さん：田村と申します。私が本件の担当をしています。本日はご提示いただきました賃貸借の条件について、お話をさせていただきに参りました。

地主さん：どうぞ、そう硬くならず気楽にしてください。私はこれまで何件ものテナントさんと交渉を重ね、店舗を運営しております。今回和合さんに伝えています私の条件は、御社であるからというのでなくどちら様に貸す場合も同条件を提示していたと思います。ですから、御社が私の条件を呑めるのか、呑めないのか、呑めない場合はどう変更をしたいのか、そこを具体的に詰めていきましょう。
野山さん：承知しました。それでは早速ですが、本題に入らせていただきます。まず賃料の70万円ですが、これは当社としましても最大限の賃料です。ですから、譲って頂きたい条件がございます。
地主さん：それはなんですか？
野山さん：賃料の見直しについてですが、これを何とか、当初5年の据え置きとして、その後3年ごとの見直しでいかがでしょうか？　私どもも、先がどうなるか見えないところもございます。ですから、どちらの地主さまとの契約も3年で見直しをするという内容になっています。
地主さん：見直しという趣旨は、賃料を少しでも下げたいという意思の表れではないのですか？　私の条件が厳しいと思われるのでしたら、無理に出店していただく必要は感じていません。貸す以上、気持ちよく借りていただき、末永くお付き合いをしたいというのが私の本心です。最初から賃料の値下げを前提とした契約を、私はしたくありませんね。
田村さん：決してそういう訳ではありません。値上げの可能性もあります。経済情勢や、周辺賃料の相場に合わせた賃貸借にしたいという趣旨です。
地主さん：それならお伺いします。周辺相場が上がっても、私は当初10年間はこの賃料でいいと思っています。それを御社の方から、周辺賃料が上がってきたから、うちも賃料を上げさせていただきますと、本当に言ってくださいますか？　それに今後も田村さんがずっと担当して、賃料について私と交渉されるのですか？

田村さん：運営開始後の賃料交渉は別の担当者がいますので、私ではありません。ですから、私はお答えしかねます。

地主さん：そうでしょう。どこのテナントさんも賃料を下げる交渉担当者がいて、それが仕事になっているのを私は知っていますよ。以前も、他のテナントさんで賃料交渉の担当者と話がつかず、あまりに値下げを言われるものだから私は本社に電話して、「お宅にはもう貸さないから出ていってほしい、二度とあの担当者をうちに寄越さないように」と言いましたら、びっくりして本部長という人が本社から飛んできて、値下げの交渉はなかったことになりました。あれからもう10年になりますが、以来、賃料に関して何も言ってこなくなりました。そのテナントさんの売上は順調に伸びていて、賃料値下げをする理由が私には全く見当たりません。値下げを仕事にしている担当者を置いているテナントさんも商売だからわからなくもないが、すべての地主が値下げに応じると思ったら大間違いということです。

野山さん：そうことがあったのですか。弊社は出店をしましたら、できるだけ長く借り続けたいというのが基本方針です。その間、地主様とも良好な関係を続けていきたいと願っております。

地主さん：それでしたら、私の条件を聞き届けてくださいな。私は無茶を言っているつもりはないのです。何度も申し上げて恐縮ですが、条件を呑むか呑まないか、今日返事をしてください。時間を掛けても無駄なだけです。御社が無理なら、他のテナントさんに声をかけるまでです。どうされますか？

野山さん：承知しました。では、当初10年間は賃料を据え置き、その後3年ごとに見直しをするということでお願いできませんでしょうか？

地主さん：当初10年間の賃料据え置きはいいとして、その後の賃料交渉は5年ごとにしましょう。それでその時の賃料交渉には田村さんが来てください。今日のことを忘れられては困りますから、契約書の特約にもそう書いておいてください。それでいいですね。

野山さん：承知しました。しかし、田村がその時弊社に在籍していない場合はご勘弁ください。在籍している場合は、賃料交渉の担当者と一緒にお伺いするということでいかがでしょうか？　弊社も組織として動いているものですから、賃料交渉の担当者を外すわけにはいかないのです。その点、ご理解を賜りたいと存じます。

地主さん：わかりました。田村さんが来てくださるなら、それでも構いません。では、それは了解しましょう。他に何か変更はありますか？
田村さん：撤退の場合の敷金・建築協力金の没収の件ですが、ここの条件の見直しに応じてもらえませんでしょうか？
地主さん：それは無理ですね。御社は長く借りたいと言われましたでしょう。なのに、なぜそういうように言われるのか理解できません。言っていることと、契約内容に齟齬があってはおかしいでしょう。そこは御社のリスクとして、腹を括って契約に臨んでもらいたいですね。
野山さん：そこも地主さんの言われる通りで結構でございます。最後に1点だけ、賃貸借契約書の内容の変更は、すべて特約で変更をさせていただきます。弊社の法務の担当者と協議して返答させていただきますので、修正個所についての特約条項の決定まで、しばらくお時間を頂戴したいと思いますが、それでよろしいでしょうか？
地主さん：それで構いません。文言にはこだわりませんが、内容的に私が不利になるようなことは一切認めませんから、そこをよく斟酌して特約条項を記載してください。
野山さん：承知しました。それではこれで私どもは失礼いたします。
地主さん：和合さんは、そのまま残ってください。
和合：承知しました。それでは玄関先まで野山さんと田村さんを見送ってきます。すぐに戻りますからお待ち願います。

地主さんはにこにこしてお見送りをされました。玄関先で私は野山さんに声をかけました。

和合：本日はご苦労様でした。

野山さん：和合さん、この地主さんと話をしても条件を変えることの難しさがよくわかりました。弊社としても、できるだけ地主さんのご要望に応えるように社内調整しますので、他社に声がけされることのないようにだけお願いします。

和合：承知しました。地主さんにはその旨伝えさせていただきます。では、失礼します。

野山さんと田村さんは、心なしか足取りが重いような感じで帰って行かれました。地主さんの応接間で、

和合：今日はお見それいたしました。いつもあんな感じで交渉されるのですか？

地主さん：交渉事は最初が肝心ですからね。借りるときは平身低頭でも、借りてしまっ

たら借り手の方が強いというご時世ですから、決め事は最初にしっかりとしないと後悔の元になります。貸し手の立場が強いのは貸す時だけですからね。

和合：今日も勉強をさせていただきました。あれだけ言われても、テナントさんは出店をあきらめざるを得ないような言葉を、一言も言われませんでしたからね。

地主さん：絶対あきらめませんよ。この路線でそこそこの広さのある空地はここだけですからね。ここを逃すと当面は出店できないと思いますよ。どうしても出店したいなら、こちらの要望は呑むものです。

和合：相手の状況を読み切って交渉されたということですね。最初から勝負は決まっていたようなものですね。

地主さん：負けるような交渉ならしない方がいいですよ。実は、今借りてもらっている店舗のテナントさんから、別形態の店舗をここに出店したいので貸してほしいと数日前に言って来られましてね。

和合：ええっ、そうなんですか。それで強気の交渉ができたという訳ですか？

地主さん：それもあります。でも、すでに出店交渉中だから、そこがダメな場合に話をしましょうと、言ってあります。

和合：それは安心しました。野山さんが帰り際に、他のテナントさんには声をかけないでほしいと言われていましたから、この交渉が決着するまで、このテナントさんを優先していただけますか？

地主さん：それはわかっています。和合さんにも動いてもらっていますからね。でも、条件が折り合わない場合は、やむなしという気持ちは変わりませんから、その点は承知しておいてくださいよ。

和合：了解です。テナントさんの出店したい土地というのは、同じということですか？

地主さん：大手のテナントさんは市場調査をしっかりしています。業態が同じなら出店したいという場所はどこもよく似ていると思います。

和合：地主さんのこの土地の魅力は、テナントさんにとってどこにあると思われますか？

地主さん：それは間口でしょうね。角地であればもっといいのですが、両隣に店舗があって、道路に面しているのは一面だけですから、決して満点の土地とは言えません。ですが、間口が奥行よりも広いでしょう。路面に面して店舗を配置しても、土地面積の割には駐車場もとりやすく、今回のテナントさんの業態からすると、うちの土地はちょうどいい感じの土地なのだと思いますよ。

和合：なるほど。仮にこの土地の間口が狭い場合は、無理をして出店しない可能性があったと言うことですね。私には土地の価値を見る目がまだ養われていませんから、その機微がわかっていません。テナントさんも直接地主さんにお会いできれば、交渉の余地はあると踏んでいたと思います。でも、今回まったく向こうの言い分を通すことなく、ほとんど地主さんの要望を受けるだけの交渉になったがために、力を落とされているのではないかと思いますよ。

地主さん：そんなことはないですよ。ここに出店して売上が予想以上に上がれば、厳しいと思った条件でも呑んで出店して良かったということになるのです。テナントさんにとって、相場賃料は関係ありませんよ。要は採算の取れる店舗かどうかだけなのです。採算が取れなければ賃料の交渉を交渉時期とは関係なくしてきますよ。それで断れば、本当に退去するものです。その時、敷金と建築協力金を没収としておかないと、退去リスクはこちらが負うことになりますからね。ですから、ここは譲れないのです。

和合：素晴らしいです。私は地主さんの弟子にしてほしい気分です。私の知らないことばかりです。私は主にマンション建築の工事受注をしてきましたから、テナントさんとの交渉や、店舗の立地条件に関してよくわかっていませんでした。今していることがすべて新鮮で、わくわくしてきます。今回のことで店舗について非常に興味が湧いてきました。私もいつか将来、店舗物件を所有してみたいと思いますよ。

地主さん：それなら建築費を勉強してもらわんといかんよ。授業料と思うて気張ってくださいよ。建築協力金だけでは、店舗工事費はきつくなると思います。予算オーバーした分は地主負担ということを言うてこられる建築会社もありますけど、私はそれに応じたことはありません。建築協力金の範囲内で建築をしてもらわないと困りますから。

和合：わかりました。建築費のことは私が社内調整します。心配しないでください。

地主さん：それを聞いて安心しました。よろしくお願いします。

地主さん宅を失礼し、帰社する途中、私は地主さんとの会話を繰り返し、頭の中で反芻していました。後から、地主さんと安易に約束したことで私は苦しむことになるのですが、それは後ほど記述します。

地主さんとの面談の10日後、テナントさんから、特約条項について社内調整が済んだとの連絡が入りました。そこで、その特約条項を確認するため、私はテナントさんの会社にお伺いすることにしました。

和合：先日は地主さんとの面談、ご苦労様でした。

野山さん：和合さん、あの地主さんには正直まいりましたよ。あんな強気の地主さんは初めてです。それによくご存じで、手強いということがよくわかりました。
田村さん：あの地主さんとは喧嘩はできません。喧嘩になってそれなら土地は貸さないと言われてしまえば、それで終わりですからね。弊社は何としてもあそこに出店したいのです。
和合：地主さんが強気なのは、あの土地の立地条件をよくご存じだからですよ。御社が借りられなくても、すでに他社さんから借りたいという要望があったそうです。
野山さん：和合さん、他社には声をかけないという約束をしましたでしょう。なぜ、声をかけられるのですか。
和合：それは誤解です。私も知らなかったのですが、御社との面談の前に、お貸しになっている店舗のテナントさんから、別業態の店舗を出店したいのであの土地を貸してほしいと言われたそうです。でも、安心してください。今回の交渉が決着するまでは、地主さんもその話には乗らないと言われていました。約束は守って頂きますから。
野山さん：そうですか。それならいいのですが……。本当に今回は、社内調整が大変だったんです。特約条項をまとめ上げるのに相当のエネルギーが要りました。地主さんの要望は弊社にとっては例外ばかりですから、弱い交渉をしてきたと思われているようです。
和合：それはお察しいたします。それで特約条項は地主さんの要望通りの線でまとまったのでしょうか？
野山さん：はい、その線でまとめました。そうしないとあの地主さんでは交渉もできないでしょうから、田村も根気よく社内調整をしていましたよ。
田村さん：こうなったら、意地でも出店するぞという気持ちになりましたよ。あの地主さんには鍛えられますよ。
和合：その特約条項を拝見していいですか？
野山さん：これがその特約条項です。地主さんの要望は、ほとんどのリスクを弊社にかぶせるような内容になっています。ここまで慎重で、よくご存じな地主さんは滅多にいないと思いますよ。
和合：よくわかりました。これなら地主さんもOKしてくれると思います。明日にでも地主さん宅にお伺いし、了解を取ってきます。
田村さん：もうこれ以上の要望は勘弁してくださいよ。和合さん、頼みますよ。
和合：私はまとめたいと思っていますので、そこに向けて注力するだけです。あの地主さんは私の能力を超えたところにおられる人ですから、説得ということはできないと思います。申し訳ありませんが、今は御社と地主さんの交渉を見守ることしかできないのです。恥ずかしい思いですが、それが今の私の心境です。

野山さん：そうはっきりと言われてしまうと、私も笑うしかないですよ。私が和合さんの立場でも、地主さんを説得するのは難しいと思っています。無理は申しません。できるだけ、地主さんの機嫌を損ねないようにうまく話をしていただければと思っているだけです。よろしくお願いしますよ。

和合：承知しました。そのようには気配りしてきます。

翌日、地主さん宅に伺い、特約条項を見ていただきました。

地主さん：和合さん、1点だけ、気付いたことがあります。賃料の発生日ですが、開店の日となっていますね。建物が竣工してからいつ開店するか決まっていません。通常開店する前にアルバイトの教育のため、竣工からしばらく準備期間を置くことも考えられますから、開店は竣工後2週間以内に行うとしてもらってください。竣工とは、役所の検査済証の降りた日と定義付けておきましょう。そうしないといつが竣工した日かわかりませんからね。

和合：もし、開店が竣工日から2週間たっても間に合わない場合でも、賃料は発生するということですか？

地主さん：そういうことです。私は店舗を建てたら、その時から賃料をもらってもおかしくないと思います。竣工から２週間は十分な期間と思いますよ。
和合：これからすぐにテナントさんと交渉してきます。
地主さん：よろしくお願いします。その条件に応じてもらえたら、いつでも賃貸借の予約契約をしますと、伝えてもらっても構いませんから、頼みます。
和合：承知しました。

そういうことで、地主さん宅を出てすぐ野山さんに電話を入れました。

和合：野山さん、今地主さん宅を出たところです。１点だけ条件が付きました。その説明に上がりたいので、これから御社に伺いますが、お時間いただけますでしょうか？
野山さん：時間はいいですが、どんな条件が出たか、今言ってもらえませんか？
和合：では言います。賃料の発生日、すなわち開店日を建物竣工後２週間以内としてほしいということです。それは仮に開店が間に合わなくとも、２週間目から賃料が発生するという意味です。
野山さん：開店日まで言われるとは思いもしませんでしたが、ここは再度社内調整をします。条件はそれだけですか？
和合：はい、それだけです。ちなみに竣工日とは、検査済証の発行日とします。
野山さん：それは厳しい日程です。本来の竣工は、検査済証の発行日よりも遅れることもあり、それ以降に開店準備をするものですから、2週間というのはかなり厳しいですね。
和合：厳しくとも、それを呑んでもらうしかありませんよ。
野山さん：わかっています。社内調整をしておきますから、少し時間をください。来ていただくのは、私が連絡してからで構いませんから。

そんな訳で、私はその日にテナントさんの会社に行くことはありませんでした。後日、テナントさんからその条件も呑むと連絡がありました。地主さんのほぼすべての要望はテナントさんに受け入れられ、数日後、賃貸借の予約契約をすることになりました。
ここで私が感じたことは、テナントさんは地主さんとは喧嘩をしないということです。特に店舗展開をしている大手企業にとっては、売上目標があり、それを達成するために毎年の出店計画がありますから、立地条件のいいところが見付かれば、ぜひとも出店したいと思う訳です。店舗開発の担当者にすれば、年間にどれだけ出店できる土地を探すかが至上命題なのです。狙った土地には必ず出店するという強い気概がなければ、出店競争に勝てません。当然、いい立地というのは競合他社だけでなく、他業種のテナントさんも狙っている訳ですから常に競合は避けられません。今回の場合のように、直接地主さんと面談でき、他社が入ってくる前に条件を詰めることができれば出店できるのですから、初めから競合他社との競争の中で出店を目指すよりずっと有利なのです。もし、最初から競合3社で条件のいいところに貸しますとなれば、ひょっとすると、今以上にいい条件を出さなければ他社に負けるということもあり得ます。そう考えますと、競合が出てくる前に地主さんと賃貸借契約をするのがベストな選択ということになります。

今回の場合も、地主さんが出された条件は、決して無茶な条件ではなかったということです。出店したいすべての土地において、テナントさん側の主導で事が運ぶ訳ではありません。中には思っていたより安く借りられるケースもあれば、そうでないケースもあるのです。100物件借りているとすれば、その中で、多少譲歩して借りた物件があっても、1／100という感覚ですから、目標売上が見込め採算も取れるとなれば、一律的な賃料や契約形態からずれたとしても、それだけ魅力がある土地を逃すことの方が痛手になるということなのです。私にこのようなことを知るきっかけを下さったのがこの地主さんなのです。

賃貸借の予約契約も完了し、いよいよ建築計画に入って設計がスタートしました。大手のテナントさんの場合、建物の規格があり、どのような部材を使うかも決まっています。統一されたデザインの建物は、消費者にどこのテナントの建物とすぐわかるようになっていますでしょう。ですから、敷地内の建物の配置が決まれば、設計はかなりのスピードでできてしまいます。設計ができますと、仕様は決まっていますから工事見積りに入れます。店舗は平家建てのものがほとんどで、地主さんの建築工事は、内装工事を除く部分です。店舗を貸すケースでは、いわゆる、スケルトン渡しが原則ですから、工事金額もその分小さくなります。ほとんどの場合、建築費に大差はないと思われます。当時、私の勤め先の建設会社では、店舗建築の工事を受注するということに慣れてはいませんでした。まして1工事の金額が1億円未満のものは、建築部隊の社員にすれば、雑工事ぐらいにしか思っていなかったのではないかと思います。建築費の見積りには、共通経費と言われる社員の人件費や一定のコストをどの工事にも割り振ることを基本としています。ですから、今回の店舗工事の予算2000万円ぐらいの工事にもそれが配布されてしまい、全く工事費が合いませんでした。予算2000万円なのに、3000万円の見積りになるのです。これでは話になりません。私の会社では、そんな小さな工事なら取る必要がないという幹部社員もいました。私にしたら、ここで投げ出す訳にはいきません。何とか受注したいという気持ちで、建築コストを合わせるのに知恵を出し、関係者を説得して協力を仰ぎ、コストを削減しました。それでもまだ300万円以上合いません。もし、2000万円でその工事を受注すれば、それだけ赤字になるということです。テナントさんの工事管理の担当者に2300万円の見積書を提出したときのやり取りです。その方は、杉下さんという方でした。

杉下さん：この金額では御社に発注できませんね。なぜこんなに高い見積りが出るのですか？　利益の取り過ぎじゃないですか？

と、いきなり先制攻撃です。

和合：予算の範囲内で見積りできずに申し訳ありません。そこで何とかできるように協力していただけないでしょうか？

杉下さん：うちは年間、数十件の店舗を出しているのです。どこの建築会社にも2000万円で工事を請負ってもらっていますよ。私も忙しいので、協力も何も、御社がこの金額で受けるかどうかだけです。

和合：2000万円で受けたいのはやまやまなのですが、それでは弊社は赤字になるのです。そこでこうすれば金額が落とせるとか、ここを変更すれば、コストが下がるとか、知恵を出し合って金額を合わせていきたいのです。

杉下さん：なぜ、私がそこまでやらないといけないのですか？　それは御社の仕事でしょう。御社ができなくても、やりたいところはいくらでも知っていますから、できるかできないかの返事をください。

和合：そうですか。わかりました。協力を願えないばかりでなく、それほど強気で望まれるなら、もう2日ほど、お時間をください。そこで返事をさせていただきます。

地主さんとの約束で、追加の工事費の負担をお願いする訳にもいかず、テナントさんの建築協力金を増やしてもらうこともできません。会社では利益にもならない工事と思われ、この工事を受注する意味があるのかとさえ思いました。ここではテナントさんの立場が逆転して強くなっています。店舗開発の担当者の苦労を、工事管理の担当者は理解していません。でも、ここは担当者レベルの話ではなく、会社対会社の問題ですから、原点に返って考えてみることにしました。もし、ここで工事受注をあきらめては、私はただ働きをしたことになります。何らかの利益を会社にもたらさないといけません。そこで、店舗開発の野山さんと面談して状況報告とお願いに上がりました。

和合：御社の建築協力金の範囲内で工事を請けたいのですが、予算がオーバーしてこれ以上詰まりません。そこで御社の工事管理の杉下さんに協力を願いましたが、相手にしてくれませんでした。この問題を打開するのに、何とか野山さんに協力をしていただきたいのですが……。

野山さん：協力と言われましても、具体的にどうしろと言われるのですか？

和合：建築は地主さんの工事部分と、御社の負担する工事部分がありますでしょう。御社の工事部分の予算を上げてもらいたいのです。そうすれば、地主さん部分の工事のマイナスを御社の工事部分でプラスにできます。

野山さん：それは弊社の工事予算を膨らますことになって、工事管理の部隊が納得しません。

和合：ほかに何かいい知恵はありますか？

野山さん：御社の予算が合わなければ、工事から降りてもらうしかないのでありませんか？　赤字になってまで工事をする意味がないでしょう？

和合：もちろん、赤字の工事を請けるつもりもありませんし、それでは工事契約をすること自体、会社が許しません。でも、勘違いしないでください。今回、弊社が工事をしないということは、御社の出店もなくなるということですよ。

野山さん：それはどういうことですか？

和合：この案件を紹介したのは弊社ですよ。地主さんとの面談機会を作ったのは私でしょう。その結果、賃貸借の予約契約ができ、出店の見込みができた訳です。御社はそれでいいかしれませんが、私は工事も取れず、ただ働きをしろといわれるのですか？

野山さん：そういうつもりではありません。

和合：では、どうお考えですか？　これまでのことは、工事受注をするためにしてきたことです。それができないとなれば、この計画はなかったものとして、一から工事受注のできるテナントさんを探します。地主さんには私の方できちんと説明しておきます。私は本気で申し上げているのです。御社もそのつもりで対応してください。

野山さん：ちょっと待ってください。私も立場上、賃貸借の予約契約までして、出店しないという訳にはいきません。和合さんの立場もよくわかりました。工事管理の者には私からよく言っておきます。和合さんの提案の線で予算を確保しますので、もうしばらく時間を下さい。

和合：そうしていただけますと助かります。ついでに、あの工事管理の杉下さんには、上から目線の態度を改めるように言い含めておいてください。互いに協力し合わないと、工事期間中にも問題が起こる可能性がありますからね。

野山さん：私からも注意しておきます。

そういうことで、後日、金額的にも合意に達し、何とか地主さんとの工事請負契約と、テナントさんとの内装工事の請負契約をそれぞれ行うことができました。

工事が始まってから、しばらく地主さんとも会うこともありませんでした。平家建ての工事ですから、着工してから3か月ぐらいで完成します。工事管理の杉下さんの態度はあまり変わりませんでしたが、工事が完了し、店舗ができ上がったときには、互いに喜び合いました。開店当日、私も気になるのでお客さんの入り具合を確認しに現地に行きました。お昼前から行列ができ、順調な滑り出しとなっていました。地主さん宅にもお邪魔し、その状況に地主さんも満足されていました。地主さんとの出会いがあって、初めて店舗の工事受注をした訳ですが、地主さんの土地をテナントさんに紹介してから、工事完了まで7か月掛かりました。そこで得た利益は会社にとって利益とも呼べないくらい小さなものかもしれませんが、この経験は私の宝になりました。そして、店舗の魅力を感じさせてくれたのです。店舗物件の多くがロードサイドにあります。その店舗の大半は、土地活用で建てられたものです。すなわち、地主さんの土地にテナントさんの建築協力金で建てられたものが多いということです。出店計画からオープンするまでには、いろんなやり取りがあり、それぞれの担当者の努力や協力があってでき上がるのです。売りに出ている店舗を見るとき、私はそういう目に見えないところの出店担当者の苦労も想像しながら、店舗を見ることもあります。出店担当者の思い入れの強い店舗に、いい物件が多いということもわかってきます。ちなみに、この地主さんの土地には、今もあの時の店舗がありま す。テナントさんの採算も十分取れているということかと思います。

ということで、私と地主さんの会話はいかがでいたでしょうか？　すごい地主さんだと思いませんか？　私はこの地主さんと話をするのがいつも楽しみでした。いつかまたこの地主さんとお会いしたいと思っています。この章はこれで終わりです。次章に進んでください。次章では、店舗の魅力がどこにあるか、なぜ流通量が少ないのか等、私なりの表現で記述しています。

第一章のまとめ

1. 本書において、「店舗」とは、賃貸中のロードサイド店舗のことを指す。

2. ①ロードサイド店舗は地主さんの土地活用で建てられた店舗が多い。
②店舗の価値は立地で決まる。交通量、周辺人口、間口の広さ、視認性、土地面積等で、テナントの出店意欲が違う。
③賃貸借契約の内容は、通常テナント有利になっているのが一般的。
④テナントの賃貸借条件で所有土地の価値がわかる。

第二章

店舗の魅力を探る

読者の皆さんの中には、すでに不動産投資をしている人もいるでしょう。では、その所有不動産の中に、私が第一章で定義した「店舗」は入っていますでしょうか？　「ハイ」と答えられた人は、おそらく10人に1人いるかいないかかもしれません。ひょっとしたら、100人に1人くらいの確率でしょうか？　それくらい店舗を所有している人は少ないのです。私はマンションよりも店舗がずっと好きでした。不動産投資の最終形は「店舗」だと思っています。店舗はリスクが高いとか、難しいというイメージがあるかもしれませんが、特定の人にはマンションを持つよりも店舗の所有をお勧めしたいと思っています。私も一棟物の賃貸マンションを複数棟所有し、運営をしてきました。今、店舗を所有してみて、マンションよりも店舗の方が自分には向いていると思っています。マンション所有に比べて、店舗は経費が掛かりません。手間も掛かりませんし、精神的にも楽です。リスクもある面では、マンションを所有するより、店舗の方が低いとさえ思うことがあります。そこは所有してみないとわからない部分かもしれません。店舗を持ってみますと、マンションにはない魅力を感じます。ではなぜ店舗物件はマンション物件のように流通しないのか、それをこれから述べてみたいと思います。

再度申し上げますが、ここでいう店舗とは、「ロードサイドの店舗」のことを指します。通常は、1敷地・1テナントの物件を言います。例外的に、ロードサイドの複数テナントの店舗や、駅前の店舗、ロードサイドの倉庫や事務所（営業所）も含むことはありますが、繁華街や飲食街にある、いわゆる飲み屋ビルや飲食ビルは除きます。また、区分所有の店舗や一棟物のマンションの1階にあるような店舗も除きます。もう少しわかりやすい表現はないかと言われると、「ロードサイドの独立店舗」と言えばよりイメージしてもらえるかもしれません。こういった店舗のことを、和合実は「店舗」と言って説明していると思ってください。

1 店舗はどういう人が所有しているか

ロードサイドの店舗の多くが、テナント銀座と呼ばれるような幹線道路沿いにあります。車で走っていますと、右側も左側も店舗が並んでいるという道路がありますでしょう。そういう立地がテナントさんに好まれるのです。でも、それらの店舗は一斉にできた訳ではありません。ロードサイドの店舗が集まっているところというのは、元は田畑で、そこに道路が整備され、田畑をやめられて現金を生ませるためにテナントに貸されたのが始まりです。ですから、ロードサイド店舗は、農地を開発して建てられたものが多いのです。土地を所有されていますから、建物の建築費用は銀行からも借りやすくなります。店舗を建ててから、貸す場合もありますが、通常は、「テナントありき」で建てられます。テナントは、店舗建築専門の建設会社やテナント仲介を専門に扱う業者さんの紹介であったり、テナントさん自らが地主さんに直接出店交渉する場合もあります。テナントありきで土地活用をする場合、そのテナント要望の店舗をテナントが建築費相当額の資金（建築協力金）を地主さんに貸し付け、その資金で店舗を建築します。それをテナントが借りて、賃料を支払うときに、建築協力金返済額と賃料を相殺して、地主さんの銀行口座に振り込むというのが一般的です（この方式を「リースバック方式」と言います。）。テナントさんの店舗というのは、金額の低いものでは、1500万円ぐらいのものから、高いものでは1億円以上掛かるものもあります。通常、5000万円ぐらいまでが多く、その範囲では銀行借入しなくとも、建築協力金と自己資金で店舗は建つものですから、賃貸借の続く限り、建築協力金が返済できないということはないのです。返済期間も15年から20年です。その期間が過ぎても、その店舗を所有していれば、借入金のない収益物件を持っているのですから、よほどの事情がなければ売却する必要性はないのです。仮に賃料が下がったとしても、テナントが入居中は賃料が入ってくるので、地主さんにとっては非常にありがたいものです。年齢的にも高齢な地主さんが多く、相続税対策で建てられる人もいれば、現金収入を増やしたいため、あるいは農業をするのが体力的に難しくなってきたためという人もいます。要するに、ロードサイドに土地を持っている人に店舗所有者が多いということなのです。

では、ロードサイドに土地を所有していなければ店舗所有者になれないのかと、素朴な疑問を抱かれる方もいると思います。その答えとして、過去にはそういう時期もあったと言えます。一般論として、土地所有者でないと店舗所有者にはなれなかった時期もあったのです。それは銀行融資の問題でもあります。今は一定の条件を満たせば銀行融資も使えますから、購入すれば店舗所有者になれるのです。

2 店舗が売りに出される訳

店舗はマンションと違って、手間暇が掛かりません。その理由は、後ほど詳述します。地主さんにとって、いったんリースバック方式で店舗を建てて貸した場合、15年から20年はテナントさんが借りてくれます。テナントさんがその店舗で利益を出していれば、賃貸借期間を更新して、その店舗がある限り借りてくれるのです。ですから、売却する必要性がありません。どういう場合に、売却に出されるのか、実際にあった事例を元に説明しましょう。

① 所有者が亡くなった後、相続人が店舗を売って、相続人全員に現金で分配するための

売却

② 所有者が他に事業をしていて、その事業が不振で事業借入金の返済ができなくて、その借金を返済するための店舗売却

③ 所有者に相続人となる子供がいなくて、自分が元気な内に店舗を売却して現金化し、余生を楽しむための資金作りのための売却

④ 不動産賃貸業を引き継ぐことを拒否した子供の意思を尊重し、親である所有者が、借入金の全額返済も含め、すべての所有不動産売却の一環としての店舗売却

⑤ テナントが退去して空室になってしまったための売却

以上のようなケースを私は経験しました。⑤のケース以外は、賃借人であるテナントさんが賃借中のままの売却となります。これら以外の理由もあるかもしれませんが、おそらくこれらの理由に類似するものと思われます。

ただし、これは元々先祖から相続した土地で自ら店舗を建てたケースでの売却理由です。例外もあります。それは事業者、すなわち、宅建業者が当初より売却目的で土地を購入し、そこにテナントを誘致して店舗を建て、利回り商品として売却するケースや、宅建業者でなくても、同じく土地を購入して店舗を建てて賃貸していたものを、投資資金の回収も終わり、資産の組み換えで売却するケースもあります。

これらの例外物件は売り店舗の中で見たとき、立地条件のいい物件が多いのは確かです。なぜなら、元々テナントが出店したい土地を購入して建てている店舗だからです。ただし、特に売却目的で建てられた店舗は新しいですし、売却利益を得るための物件となりますから、当然売買価額は高く、利回りは低くなります。

では、こういう物件は売れないのかと言いますと、実は売れているのです。利回りが低くても買う人はいるのです。どういう人が買っているかは後述します。

❸ 不動産投資サイトの物件種別に「和合実の定義した店舗」がない理由

収益不動産を購入したいと思ったことのある人のほとんどの方は、不動産投資サイトをご覧になっていると思います。その中には、「私の定義した店舗」は、そのサイトの中でここを見れば出てくるという区分けのなされたサイトはありません。なぜ、ないのかと言いますと、それほど売り物件として多くは出ないということや、そのような物件を買える人は、おそらく不動産投資サイトを見る割合が少ないからのような気がします。すなわち、区分けするだけのニーズ（売り買いともの件数）が少ないからだと思います。ひょっとしたら、運営会社が「私の定義した店舗」のニーズのあることを知らないためかもしれません。もしかすると、私が本書を出版したことで、「私の定義した店舗」に興味を持つ人が増え、購入したい人が増えれば、不動産投資サイトにもその括りのバナーができるのではないかと思っています。あるサイトでは、店舗と言えば、「区分所有店舗」の分類になっています。区分所有店舗に投資をする人が多いとも思えないのですが、売り物件として多いからか、店舗＝区分所有店舗のイメージになっています。別のサイトでは、事業用物件という括りの中で店舗を取り上げていますが、そのほとんどは、飲食店等の店舗で、所有者イコール経営者で、その経営をやめた後の空き店舗の売り物件です。その典型が店舗付き住宅です。これらは、実需物件と言って、自らその店舗を購入して商売を始める人向けの物件ですから、基本的には投資用物件ではありません。

4 店舗はどういう人が購入しているか

和合実の言うところの「店舗」のイメージがだんだんはっきりしてこられたかと思いますが、では、この店舗を買いたいと思えば、誰でも買えるのかという点から話を進めていきます。

一棟物の賃貸マンションを買える人でも、店舗は買えない人がほとんどというのがその答えです。その理由を述べますと、まず融資が難しいからです。店舗物件を融資で購入したいと思って銀行に行ったとします。でも、融資の返済原資がその店舗からの賃料に頼る場合は、おそらく融資は受けられません。その理由は明快です。銀行融資は、確実に返済のできる人にしか貸さないのが原則だからです。一棟物のマンションですと、仮に10室ある物件なら、銀行は最初から入居率が60％以上の稼働であれば、賃料で返済できると見ます。売買価額の範囲内で担保力があれば、基本的に融資はＯＫとなります。でも、私の言う店舗は、テナントが１つですから、そのテナントが退去すれば賃料はゼロになる訳です。その場合でも、毎月約定通りに返済をしないといけません。その返済ができる人でないと、融資は受けられないということです。すなわち、その店舗の賃料を返済原資としては見てくれないということです。その賃料がなくとも、返済が可能ということは、それなりに所得のある人でないと、銀行は融資をしないということです。そして、所得がクリアできても、店舗物件購入に要する自己資金の２倍以上の金融資産を持っていることが条件になってきます。ではいくらぐらいの所得と金融資産があれば、貸してくれるのでしょうか？　それは購入される物件の価額や融資額によります。具体的にいますと、仮に１億円の店舗を購入する場合、担保力がある物件でも、一般的には60％ぐらいしか融資をしてくれません。すなわち、自己資金は40％の４０００万円とその購入諸費用が仮に７００万円とした場合、４７００万円必要ということになります。そうしますと、金融資産は、

4700万円×2＝9400万円ということになります。所得はと言いますと、融資額が6000万円で、借入利率が2％、返済期間15年、元利均等返済の場合、年間返済額は約463万円です。そうしますと、税金のことも考えると、所得は1500万円ぐらいないと、スムーズな審査にはならないということになるのです。そればかりでなく、テナントが出た後に対処の仕方を知っているかどうかを確認する銀行もありました。その対処の仕方を答えられず、融資を受けられなかった人もいました。その方は、所得が2000万円以上ある人で、自己資金も5000万円以上ある方でした。以前、一棟物の賃貸マンションを購入するのに、その銀行で融資を受けている方でもあります。マンション購入時の融資は何の問題もなくスムーズに審査も進み、金利も1％で借りられた方です。ということですから、一棟物の賃貸マンションを購入するのと比較しますと、収益店舗を購入するハードルはかなり高いと言えます。でも、融資にも例外はあります。一定の条件を満たせば、そのハードルはぐっと下がります。まずは、取引銀行で収益店舗に対する基本的な融資姿勢を知ることが必要です。

5 店舗に対するイメージ

私が店舗を専門的に扱うようになって、3年半経過しました。当初、いい店舗物件をご紹介しましても、顧客の反応は低かったように思います。店舗物件は、テナント入居中は賃料100%ですか、テナントが退去すれば賃料はゼロになります。すなわち、ゼロ百の物件になりますから、リスクが高いということを気にされて買わないという人もいました。これが一般的な見方だと思います。テナント退去のリスクはどんな店舗にもありますから、これをゼロにすることはできません。退去しても比較的早く別のテナントが入る店舗かどうかの見分けがつけば、そのリスクは低くなります。リスクを低減できそうな店舗であれば購入したいと言われる顧客もいました。ですから、私はリスクの低そうな店舗を発掘していこうと思いました。

賃貸マンションなら、入居者が退去しても入居者を斡旋してくれる賃貸専門業者はたくさんあります。でも、店舗はテナントを専門的に斡旋してくれる業者が少なく、またあってもあまり認知されていないこともあって、知らない人も多いのです。

私はテナントさんに直接空き店舗への入居を聞く術を知っていますが、知らなければ業者に斡旋してもらうしかありません。そのため、テナントの退去は命取りになると思われています。このような方には、店舗を所有するのは難しいかもしれません。頭の中に店舗を所有するというイメージが描けないからです。賃貸マンションの所有にもリスクはありますす。でも、不動産投資として多くの人がやっているから自分もできると思って、不動産投資にチャレンジするのではないでしょうか？　融資を前提にした不動産投資では、マンションの棟数が増えれば増えるほど借金も多くなるということですから、何かあった時、その借金の返済リスクは高くなります。例えば、昨今の震災被害を考えますと、日本国中どこで大きな震災が起こってもおかしくない状況です。すなわち、賃貸マンションを所有することと自体がリスクな訳です。仮に、自宅周辺で複数棟マンションを所有していて、そこで大震災が起こったら、被害が大きくなってたとえ地震保険に入っていても、その被害はカバーできません。店舗は主に平家ですから地震に強く、被害があっても少なくて済みます。地域分散して所有すれば、店舗所有の方がリスクは低いと思えるのです。いろんな角度から見るということが重要です。何かに向かってチャレンジするとき、周到に準備をしますが、やってみたら意外と簡単であったということもあります。反対に、心配事が勝ってチャレンジのできない人は、チャレンジをして得られたものを持っている人の気持ちは理解できないということです。店舗は不動産投資の対象になり得ないと思っている人もいますから、私はそんなことはないですよと言っているのです。実際に店舗を所有してみて自分に向いていないと思われる人や、不動産投資そのものを否定している人に、店舗所有を勧めている訳でありません。店舗の魅力を知らない人に、私はその魅力の一端をここでお知らせしたいと思っているだけです。

6 リスクの低い店舗とは

店舗にリスクの全くないものはありません。これはマンションでも同じです。でもリスクの低い店舗は探せばあるのではないかと思いました。これまで数十棟の店舗を仲介し、自らも購入してきました。その経験からこれは安心というものがあるということに気付きました。それはどんな店舗か、その条件を挙げてみましょう。

①　交通量の多い幹線道路沿いにあること
②　すでにその路面には空地がなく、空き店舗もないような路線にある店舗
③　間口の広い敷地にある店舗
④　その敷地は角地であること、できれば信号機の向こう側角にある角地ならなおいい
⑤　店舗敷地内への車の出し入れがしやすいこと、また反対車線からの侵入も可能であること
⑥　駐車場は広く、トラック駐車場もあること
⑦　視認性がいいこと
⑧　周辺人口が多いこと
⑨　近隣に同業他社の店舗がないこと

⑩　テナントが大手企業であること

等です。

ここに列記したことすべてを満たす店舗の売り物は滅多に出ません。そもそも論になるのですが、そんなにいい店舗が、買いやすい価額で売りに出されることはないからです。融資前提の人が、このすべての条件を満たす店舗が出たら買おうと思ってみても、買えるものではありません。なぜなら、そういう店舗は自己資金で買える人が買うからです。そういう売り店舗情報を受けるのは大概大手仲介業者さんです。そこではこういう店舗を探している顧客を常に持っています。特定の顧客に紹介すればその中で買い手が見付かりますから、情報としてオープンにならないのです。

ですから、１００点満点を望んでも無理というもので、この条件の内、いくつぐらいを満たしているのか、満たしていなくともそれぞれの項目につき、仮に10点満点として点数を付けるとしたら、10項目ありますから１００点満点になります。点数を付けてみて、70点以上ならいい店舗である可能性は高いです。こういう立地にある店舗は、テナントが退去しても別業態のテナント出店が見込めるからです。各々の店舗で集客するばかりでなく、路線で集客をしているのです。ですから、ロードサイドでも、いわゆるテナント銀座と言われる、多くの店舗が道路沿いに立ち並んでいるような路線にある店舗は、大手のテナントさんが出店したがりますから、購入検討していい物件になります。ただし、リスクの低い店舗が購入しやすいとは限りません。なぜなら、こういう店舗は通常利回りが低く総額の高いものとなりますから、融資率が低くなって自己資金の豊富な人しか買えない店舗となります。ここで挙げた条件は、購入判断の要素の重要な部分ですが、その一部でしかありません。購入判断の要素10項目は後述します。

融資の審査の中には、借り手（テナント）の信用調査も入っているのです。借り手に不安材料があると判断されると、融資不可となることもあります。それが理由で断られるケースも実はあるのです。

それからもう一つ、リスクを考える場合、別の見方で考えておかないといけない事柄があります。それは価額の妥当性です。いくら条件が良くても、土地の売買価額が取引相場からかけ離れて高くては話になりません。建物価額が高過ぎるということは通常ありませんが、土地価額が高過ぎると思える物件は時折見掛けます。売買価額が高い場合はその理由を理解する必要性があります。例えば、収益還元利回りで価額が付いている場合、すなわち、そのテナント賃料から算定される利回りで物件価額が決められているケースの場合、そのテナントが退去した時に、他のテナントならいくらで借りてくれるかを考慮しておかないと、現在のテナント賃料が高めなら、後は下がる一方になって、資産価値は下がるということです。具体的なケースでお話しします。土地面積400坪、建物面積50坪の店舗物件で、年間賃料が1000万円の場合、利回りが8％なら1億2500万円、7％なら1億4285万円、6％なら1億6666万円、5％なら2億円ということになります。でも一方、積算評価で見ますと、周辺相場からしてここの土地は坪単価30万円としますと、土地は1・2億円、建物は残存耐用年数等を勘案しながら再建築価額を元に出した金額が1000万円とします。そうしますと、総額1・3億円ですから、高くても1・4億円ぐらいまでで買うべきです。土地価額は人口減少に伴い将来下がっていくと思われます。このテナントが退去した場合、損失が大きくなる可能性が高いということになります。次のテナントも年間賃料1000万円で借りてくれたらいいのですが、別のテナントに貸せば年間賃料が700万円とします。利回り7％で1億円ということになりますから、その金額の妥当性を計る目安になります。そうは言いましても、実態として不動産業者が売却目的で店舗物件を作り上げた場合、その売買価額は収益還元価額で設定され、実勢価額とはかけ離れた価額設定で売りに出されているケースも見受けられます。それでも、立地条件がいいからか売れているようです。

反対に、実勢価額の坪単価が40万円の場合、土地は1・6億円になりますから、総額1・7億円になります。こういったケースでは、5％の利回り2億円で当初売られるケースが多いのですが、それでは利回りが低過ぎるというので売れないで残っていることが多いのです。徐々に価額は下がってきて、実勢価額よりも低い金額でないと売買は成立しないということになると思います。このケースでは、賃料が低過ぎると考えられます。逆に言えば、今のテナントが退去すれば、次のテナント賃料はもっと上がる可能性があるということです。

買い方としては、前者は積算評価を元に、後者は収益還元価額を元にして売買価額の交渉をするということです。売主とは立場は逆ですから、互いに自分にとって有利になるような価額を求めます。交渉の結果、折り合いがつかなければ、買わないということです。

ちなみに不動産市場に出ている店舗物件の平均的な表面利回りはいくらかと言いますと、６％台です。この利回りが、借主が大手のテナントさんである場合の相場かと感じます。でもこれでは、私の「お勧め店舗」には入りません。東京の都心部で店舗を求めても、５％でも買えないケースもありますし、地域によっては最低利回りが８％ぐらいで、求められる利回りは10％というエリアもあります。ですから、どれくらいの利回りの物件を求めるかで、購入できるエリアがある程度限定されます。仮に東京で10％以上の店舗物件を求めても、今の不動産市況下では買えないということです。

7 店舗の出口を考える

第一章でお話した「店舗」の定義の中で「1敷地1テナント」ということを書いています。それは出口を念頭に置いてのことなのです。利回りを基準に店舗を購入している場合、賃料が下がらなければ、基本的にはその購入価額であれば売れるということです。もちろん保有期間が長くなればなるほど、建物の耐用年数は経過していきますので、融資が難しくなって、買い手が少なくなるため築年数の経過とともに価額は下がります。すなわち、利回りは上がっていきます。たとえ、価額が下がっても、建物の減価償却累計額よりも値下がり額が小さければ、売却損は出ないということです。

仮に、テナントが退去したのでその物件を売却しようと考えたとします。その時、売主は一番高く売れる方法を検討するでしょう。そのケースとして3つの考え方があるのです。

① もう一度テナント付けをしてから売却する。
② 空き店舗の購入ニーズがあるならそのまま売却する。
③ 建物を解体して更地にして売却する。

しかしながら、もし、一敷地にテナントが2件以上入っていたら、1件が空いたときに売却を考えた場合、②と③の選択肢はなくなります。そういう理由から、1敷地1テナントとしているのです。

世の中には、空き店舗の売り物件がたくさんあります。それに比し、買いニーズは断然少なく、何年も売れないケースもあるのです。なぜ売れないのかと言いますと、実需で買う人以外は融資が付かないからです。収益店舗は購入するときにテナントが入居していないと通常融資は付きません。ですから、出口は購入時点で考えておく方がいいのです。長年空き店舗のままだと買い手は現れにくくなります。そうしますと、価額は下がらざるを得なくなり、空いた店舗物件を安く買って、自らテナント付けをする不動産業者さんもいます。また、建物を解体して更地にして別利用をしたり、売却して利益を出すということもします。空き店舗のまま放置することは売主にとってはリスクとなりますから、テナントが出た場合、次どうするという答えを持っておく方がいいということです。

8 店舗と一棟物マンションの比較

投資対象としてみた場合の店舗と一棟物マンションではどのような違いがあるか、比較してみたいと思います。その前提条件として、それぞれの物件価額が同じで、賃料も同じとします。その方が比較する時にわかりやすいからです。

まず、不動産投資の対象として一棟物マンションに人気があるのは、担保評価が出れば、一定以上の年収のある人には銀行は融資をするからです。自己資金が少なくても購入が可能となります。一方、店舗は担保評価が出ても、それに対する掛け目が低く融資額は伸びません。そのため自己資金割合が高くなり、金融資産の多い人でないと購入できないのです。また、年収も高くないと融資をしない銀行が多く、一棟物マンション購入で融資を受けられる人でも、店舗購入では融資を受けられないという人が大半です。一般的には、銀行が資産家と見ている人にしか融資をしないということです。反対に銀行が大口資産家と認めている人には、店舗であっても、融資額が通常評価よりも高めになることもあります。一棟物マンションは、部屋数が複数あるため、同時に全室退去となって賃料がゼロになることはありませんが、店舗はテナントが退去した場合、賃料はゼロになります。そのため、一棟物マンションの場合、銀行に入居者からの賃料を返済原資と見てもらえますが、店舗の場合、融資を受ける人の既にある収入（所得）が返済原資と見ています。すなわち、賃料がゼロになっても、返済が滞らない人がその対象となります。

一棟物マンションは、土地の固定資産税の減額措置もありますが、店舗ではそれがありません。一棟物マンションの価額は、比較的土地の割合よりも建物割合が多くなるので、建物の減価償却がその分多くなり、税引後キャッシュフローが多くなります。店舗の価額は、反対に土地の割合が多く、建物割合が少ないため、減価償却は多くとれません。そのため、税引後キャッシュフローは劣ります。また、これを相続税対策の観点から見ますと、貸家建付地の評価減割合や貸家の評価減割合も同じですから、建物評価額はマンションの方が大きくなりますから、減額される額は店舗より大きくなるため、相続税対策には、一棟物マンションの方が優れていると見られています。

収入の安定性から見ますと、マンションは比較的短期での住み替えもあって、毎年数件の入退去があります。そのため、退去の都度、リフォーム費用が発生し、新入居のたびに賃貸付けをしてくれた業者さんに広告料等を支払うことになります。建物が古くなり、入居者が付きにくくなりますと、この広告料としての支払が賃料の2か月分、3か月分は当たり前になり、出費がかさむことになります。賃料も退去のたびに下がっていくことも、激戦区と言われる賃貸マンションの過剰エリアではあり得ます。それに、年々新規供給も続き、供給過多と人口減少で、この傾向はますます顕著になっていくと思われます。また、入退去のたびに、部屋の状況を確認したり、賃貸借契約の手続をしないといけませんから、時間をとられます。退去があってもすぐに新たな入居者が決まればいいのですが、空室期間が長くなる傾向にありますので、その間収入が入ってこないことや、オーナーの希望通りの条件では入居者は入らないと賃貸業者に言われることもあります。ときには、不良な入居者を入れてしまって滞納をされたり、退去の折には室内は汚され放題で、その修復費用がオーナー負担となるケースもあります。精神的な苦痛を感じる回数が増えていく傾向にあります。

店舗の場合は、テナントが退去すれば賃料はゼロですが、テナントの運営がうまくいっている場合、20年以上借りてくれるケースも多くあります。その場合は、賃料を滞納されることもありません。店舗の質は、テナント次第なのです。ここは最大のポイントで、テナントに大きく左右されます。テナントの質が悪いと、滞納もありますが、退去の裁判をした場合、住居ですと入居者有利になっていますが、事業用の店舗の場合、オーナー有利の判決が出やすいです。店舗は、スケルトン渡しのスケルトン返しが原則ですから、テナントの入居中はほとんど修繕費が掛かりません。建物外壁と屋根が修繕対象で、雨漏れさえなければ、修繕はないに等しいのです。店舗は客商売であるため、多少の工事であれば、オーナーに費用負担を求めることなく、テナント自ら修繕をすることもあります。外観は店舗の顔ですから、テナントのイメージに合ったものをテナントがしたがるのです。テナントの入居期間は長めになりますが、仮に退去があった場合、その通知は3か月以上前に通知することになっていますから、その間にテナント募集を始めたり、次の展開を考えたりできます。あらかじめ購入時に次のテナントのイメージのできる店舗を購入しておけば、その準備もできますし、目測が外れた場合は、現店舗を解体して新たなテナントを探したり、あるいは更地で売却等の考え方もできます。なぜなら、店舗は平家建てが多く比較的安価で解体しやすいのです。マンションの場合、解体となると、高層になればなるほど時間と費用は膨らみます。また、元々店舗は建物割合が低いので、損をしても次の展開が図りやすいとも言えます。店舗の場合、所有期間中は、固定資産税・都市計画税、火災保険料等の損害保険料が経費の主なものです。店舗は一棟物マンションと違って、管理会社を入れる必要はありません。直接テナントと対応すればいいのです。それでも、することがほとんどありませんから、時間的にも精神的にも楽な部分があります。毎月することは、通帳に賃料が入金されているかを確認することぐらいです。最近震災が多くなってきています。一棟物マンションの場合、地震保険に入れますが、通常店舗は入れません。地震保険に入れるマンションでも、地震保険料は高いですし、全損でも保険金は半分しか出ませんから、被害はマンションの方が大きくなります。店舗は平家建てが多く建物が全壊することは珍しく、建物自身の価額は比較的小さいですから、地震保険に入れなくとも震災リスクは店舗の方が低いと見ています。店舗はテナントの損益分岐点が下がれば、賃料も下げて欲しいと言ってきますが、店舗は立地条件で賃料設定されていますので、その立地以外では、たとえ敷地面積が同じで、建物面積が同じでも賃料は異なります。すなわち、周りの相場に影響されにくいとも言えます。大手テナントの場合、賃料が下がらなければ退去するというのは駆け引き材料で、本当に退去するときは、賃料が高いからではなく、ほとんどの場合、売上がそこでは取れなくなったということが理由です。そのため、賃料の値下がりは物件によって違うのはもちろんですが、オーナーの交渉力で変わると言えます。マンションの場合、あそこの賃料がいくらだから、ここは高いとか安いという比較になって、相場賃料ができ上がっています。その分周辺相場に影響を受けやすいのです。オーナーの交渉力はあまり関係ありません。

　では、これまで比較してきましたことを簡単な表にしてみますと、

	一棟物マンション	店舗
融資	受けやすい	受けにくい
融資額	大きい	小さい
返済原資	入居者の賃料	テナント賃料でなく、既収入
運営コスト	大きい	小さい
相続税対策	効果大	効果小
手間暇	掛かる	掛からない
退去時リスク	賃料ゼロにならない	賃料ゼロになる
震災リスク	大きい	小さい
賃料の設定	周辺相場の影響大	立地条件で個別に決まる

ということになろうかと思います。でも、これは私見も入っていますし、個別具体的に見ますと、そうでもないというケースも出てきます。実はそういうケースで、マンションよりも店舗がいいと思える部分もあるのです。例えば、店舗であっても融資は売買価額相当額まで可能な店舗もあったり、相続税対策にもなったりするケースもあるのです。はっきり言えることは、常に例外があるということです。その例外を知っていることが、他者との競争に勝てたり、優位に立てたりする要因になります。では、なぜそういう例外物件があるのか、その理由を知ること、すなわち、それが店舗を所有する上で、勉強しなくてはならないことだと私は思っています。

もちろん、今の私はその理由を知っています。ですから、実際に私が購入した店舗で、その融資条件が期間15年のフルローンでもキャッシュフローがプラスになる物件もありました。このように例外のあることがわかったことで、融資の受けられる店舗を探す術や、融資を受けられる人の幅が広がったのです。相続税対策を考えている顧客には、そのための店舗をお世話したこともあります。顧客のニーズがどこにあるかを知れば、そのニーズに合った店舗を紹介してきました。ですから、Aさんには紹介しても、Bさんには紹介しないということはよくあることなのです。

9 店舗の融資

店舗物件に対する銀行融資の難しさは先ほどお話しました。では、かなりの資産家やかなりの高額所得者でないと、店舗物件の購入に際し、融資は受けられないのかと申しますと、そうでないところもあるというのが正解です。なぜなら、私でも複数店舗物件の購入ができていますし、融資も受けてきました。私の場合、確かに1つ目の店舗の購入の融資に関しまして、ハードルが高かったのは事実です。店舗を購入したいと思ってから、10年以上の歳月が必要でした。でも、今ではもっと早く店舗物件を購入する術はあったと思えます。その術とは、購入する店舗物件の価額にあります。最初から1億円以上の店舗を購入しようとしますと、それなりの収入がないと難しいのは事実です。ですが、総額3000万円ぐらいの店舗ですと、意外とスムーズにいくケースが多いことがわかってきました。その理由は、仮に3000万円の融資を受けて、15年返済ですと、月額返済金額が20万円ぐらいですから、テナント賃料が仮に入ってこないとしても、それぐらいなら返済もできるという人は、融資を受けられるということです。当初私は、店舗物件はグロス金額が大きいというイメージを持っていました。それは購入するなら大阪周辺で土地面積が最低でも300坪以上の物件をターゲットにしようと思っていたからです。その規模なら、仮に現テナントの退去があっても、次のテナントを見付けやすいだろうと単純に思っていたのです。実際には、エリアによって、その規模でも小さいと判断されたり、都心部ではその規模の土地もなかなか出ないので、200坪でもテナントの反応の良いケースがあります。

では、3000万円で購入できる店舗物件はどのようなものかと言いますと、それは地方都市にあるロードサイド物件です。私は大阪在住なので、関西圏でのみ店舗物件を探していましたが、ある時、全国に目を向けようと思ったのがきっかけで、3000万円クラスの店舗物件もあることに気付いたのです。ただし、その価額帯では、テナントは大手ではありません。要するに、有名テナントでないということです。ですから、賃料の滞納が絶対ないとは言えない部分もあります。これらの物件の中にも土地の広さが、300坪の物件もありました。それはそのエリアでは大きいと言える規模ではないということです。そのエリア、エリアで、大手テナントが求める土地の規模も異なるのです。例えば、コンビニを例に挙げますと、東京や大阪のビジネス街では、土地面積が80坪であっても人口密度が高いため、駐車場がなくても売上は立ちますから賃料も高いのです。たとえ土地が80坪でも、価額は2億円ということも珍しくありません。利回りは6%ぐらいで売られている店舗物件もあります。都心部でコンビニを求める人もいますから、売れていると聞いています。では私が購入するかと言えば、答えはＮＯです。私は基本的に融資を受けての購入を考えていますので、融資の伸びない物件は買えないのです。利回りが６％では、融資期間15年でキャッシュフローをプラスにしようとしたら、自己資金が半分、すなわち１億円用意しないといけなくなります。これではたとえ立地が良くて気に入ったとしても、買いたくとも買えないということになる訳です。では、狙い目店舗とはどのような物件かということをお話しします。

10 狙い目店舗

まず、前提条件について先に決めておきます。融資を利用し、融資期間は15年で、できれば固定金利、返済方法は元利均等とします。これを前提条件にしたのには訳があります。それは、店舗に興味をもって購入を検討する人のほとんどが、収益マンションやアパート一棟物件をすでにお持ちで、次のステップに店舗を購入しようという人が多いと思われるからです。収益不動産を買うにしても、いきなり店舗から入る人は非常に稀です。なぜなら、自己資金がすでに１億円以上あって、１物件だけ店舗を購入するというのであれば可能ですが、そうでなく、私のイメージしている人の像は、自己資金（金融資産）が４０００万円以上で、年齢は40歳以上、すでに不動産投資経験があって、複数棟のマンション・アパートを持っているという会社員だからです。こういう人は読者の中にも自分は当てはまると思われる方もいるのではないかと思います。会社員としての年収は、少なくとも700万円以上あり、生活は給与所得で成立し、不動産所得は使わず、貯蓄に回している人が対象になります。その貯蓄に回っている金額が月々30万円以上あれば、店舗で3000万円の融資を受けたとしても、先にも述べましたように返済額が約20万円ですから、仮にテナント退去があったとしても、返済はできるということです。この条件に合致する人が融資の承諾をもらえる人です。金融資産が4000万円あれば、3000万円ぐらいの店舗ですと、諸費用込みでも自己資金で購入できることになります。この状態にあることが店舗購入の入り口だと思っています。私も最初の1店舗の購入はこの状態になってからの購入でした。それまでは、銀行から融資を受けることができませんでした。銀行はマンションやアパートなら家賃が急にゼロとなることはないと見ていますが、店舗はゼロか百の家賃ですから、ゼロになっても返済できる人にしか貸さないのが原則です。ですから、店舗の購入はハードルが高くなっています。ハードルを越えられる方には、店舗物件をお勧めしたいと思っています。持てばわかる魅力があります。私も所有して、店舗に対する興味を抱かせてくれた地主さんの気持ちがよくわかりました。

では、狙い目店舗とはどういう店舗かといいますと、もうお気付きかもしれませんが、自己資金でも買える価額帯の店舗で、融資率の大きく、融資を受けてキャッシュフローが回る物件です。融資率の大きな物件とは、価額の割に銀行の担保評価の大きい物件ということです。通常、売却されている店舗というのは、築年数の古いものが多いので、建物評価はあまり出ないケースが多いのです。そうしますと、担保としての評価が高い物件とは、土地評価の高い物件です。地方都市では土地は路線価ぐらいの評価になりますから、価額の割に面積の広い土地が有利です。大都市では実勢価額が路線価の倍以上というのも珍しくありませんので、都心部の物件は担保評価が小さくなります。そのため地方都市の物件に目を向けざるを得なくなるのです。地方都市で、土地面積が広く、路線価から計算した土地の価額とさほど変わらないような価額の店舗が狙い目となります。これは融資を前提にしているので、大事な要素になります。でも、そんな売り店舗があるのかと言われると、数は多くありませんが、ないこともないというのが正直なところです。仮に、担保評価が出たとしても、利回りが低ければキャッシュフローが回りませんから、その分融資額は低くなることはあります。購入対象店舗はすでにテナントが入居している物件ですから、全国的に見ても数は限られてきます。所有者にとっては、そのような店舗を売る理由がないからです。それでも売却されるのは、相続で売却資金を相続人で分割するためとか、所有者が高齢で後継者がいないからとか、店舗が古くなってきたので買い換えのためという理由が考えられます。手間暇掛からずに賃料が入ってくる店舗なら、所有者にとってこんなありがたいことはありません。売却をするにはするだけの理由があるのが店舗物件です。たまに、売主が業者さんの場合で、保有目的であった店舗の売却があります。売却理由は資金回収のためです。このケースには狙い目店舗がありました。

以上のように、店舗を買いたくても、買いたい条件に適う物件がそうそう出てこないということが、ご理解いただけたのではないでしょうか。それでもあきらめずに探し続けると、見付かります。でも、店舗を購入したい人が増えてきますと、当然絶対数が少ない訳ですから競合になります。そのため、価額は上昇、利回りは低くなるということになってきます。私が収益店舗の著書を出版したことで、店舗に興味を持たれる人はおそらく増えると思っています。そのため、本書が出されるまでに店舗を買っておきたいという顧客もいたぐらいですから、一方では、いい店舗物件に巡り合う機会は少なくなると思われる人もあるかもしれません。ですが、もう一方の見方では、これまで事業用物件としての店舗は購入したい人が少ない、あるいは、購入できる人を探すのが難しいというのが一般的な業界の見方でしたから、これまで店舗物件の仲介を売主さんから受けた場合、業者にしか行かなかった物件情報が、買いたい人が増えることで、表面化してくる売り店舗情報が増えるという見方もあります。

地方都市になりますと、車での移動が主流ですから、店舗には駐車場が必要になります。それもできるだけ多くの駐車場が望まれます。土地価額を実勢価額で見ますと、地方都市と言えども、賃料は低いのに土地面積は３００坪以上という物件では利回りは低くなります。ロードサイド店舗は元々農地の有効利用で、店舗を建てられる人が多かったので、土地価額を意識していない所有者がいます。そのため、この３００坪以上の物件も売りに出される時は、収益還元価額ではじき出すケースがあります。物件価額の割に担保評価が高くなるという理屈につながります。こういう物件が売りに出ますと購入の検討対象になります。

地方都市では、メジャーブランドのテナント（大手テナント）さんが入っている店舗は、駐車場の台数を多くとりますので、賃料も高めですが土地面積も広くなります。そのため、利回りは低くなりがちです。でも、自己資金の豊富な人は購入検討していいと思います。メジャーブランドのテナントさんが入居している物件は、仮に退去があっても、次もメジャーブランのテナントが入居する確率は高くなります。今の賃料の妥当性を見ておく必要があります。現在のテナントが賃料の高いテナントの場合、例えば、コンビニが考えられます。コンビニの後店舗は、比較的次のテナントは決めやすいでしょう。しかし、賃料はどうかと言いますと、半値もしくはそれ以下になることもしばしばありますので注意が必要です。ロードサイドのテナント銀座と呼ばれるような、右を見ても左を見ても店舗ばかりという立地ですと、賃料はそこまで下がらないでしょうが、そうでない場所にあるケースでは、賃料の減額幅は大きくなると思っておいてください。そういうことも考慮に入れて価額の妥当性を考えて購入してください。

物件価額が3000万円ぐらいの店舗では、メジャーブランドのテナントの入っている店舗を探すこと自体、非常に難しいです。メジャーブランドのテナントというのは、売上が見込めるかどうかで出店を決めます。一定以上の売上が見込めるのであれば、賃料は損益分岐点から考えて設定されますから、賃料は高くてもいい訳です。私のイメージですが、メジャーブランドのテナントの最低賃料を一声で言えといわれたら、40万円と答えます。そうしますと、利回り10％の店舗としても、価額は4800万円になりますから、3000万円では買えないということになります。ここでお話していることは、一般論として述べていますので、常に例外はあるということも念頭において読んでいただけたらと思います。具体的な事例としての店舗物件の話も次章で紹介していますので、そこでもう少し詳しく説明します。

第二章のまとめ

1. 店舗所有の大半が元農地所有者で、建築協力金で建てられた店舗が多い。
2. いい店舗の売り物件は少ない。なぜなら、売却理由が限定的であるから。
3. 不動産サイトには「ロードサイド店舗」の括りはない。
4. 店舗の購入者には一定以上の自己資金が必要。
5. 店舗はリスクが高いと言われるが、見方によってはリスクは低い。
6. リスクの低い店舗と購入しやすい店舗はイコールではない。
7. 店舗は出口を考えて購入する。
8. 店舗はマンションより手間暇が掛からず、運営コストが低い。
9. 融資の受けやすい店舗もある。
10. 狙い目店舗は自己資金でも買える店舗、狙い目店舗は地方都市にある。

第三章

『お勧め店舗』の実例

本章では、私が何らかの形で関わった店舗を実例として採り上げてみたいと思います。私は店舗物件の情報として物件概要書を見るだけなら、空き店舗も含めて月に80～100物件、その内興味をもって、詳細を仲介会社さんに確認する物件が10件、詳細資料を請求するのが6件、実際に見に行くのが4件です。店舗の所在地は全国にまたがります。北は北海道から、南は九州まで、机上でいいと思った店舗（狙い目店舗）は実際に現地まで足を運びました。それは和合実の独自の視点で選別する『お勧め店舗』になるかどうかの確認のためです。『お勧め店舗』と判断し、私が仲介・コンサル・購入で関わる物件は1件というのが平均的なところです。

少ないでしょう？　その理由は、まず第一に店舗物件そのものの売り件数が少ないこと、第二に店舗に対する私の選定基準が厳しいこと、第三に店舗物件は融資審査に時間が掛かり、1物件をまとめるのに最低2か月みておく必要があること等の事情が挙げられます。店舗を専門的に扱い始めて、私が関与して成約したものは40数物件です。もっと扱い量を増やすことができないかと考えたこともありましたが、この数字は決して少なくないと思っています。これがある面、私の限界でもあります。時間的にも肉体的にも精一杯の成果なのです。全国区で店舗物件を扱っているところもないでしょうし、店舗物件ばかりで、これ以上の件数をこなせる不動産関係者は全国的に見ても、おそらくいないのではないかと思います。また、やってみるとその難しさがわかります。

Episode.1

店舗物件第１号

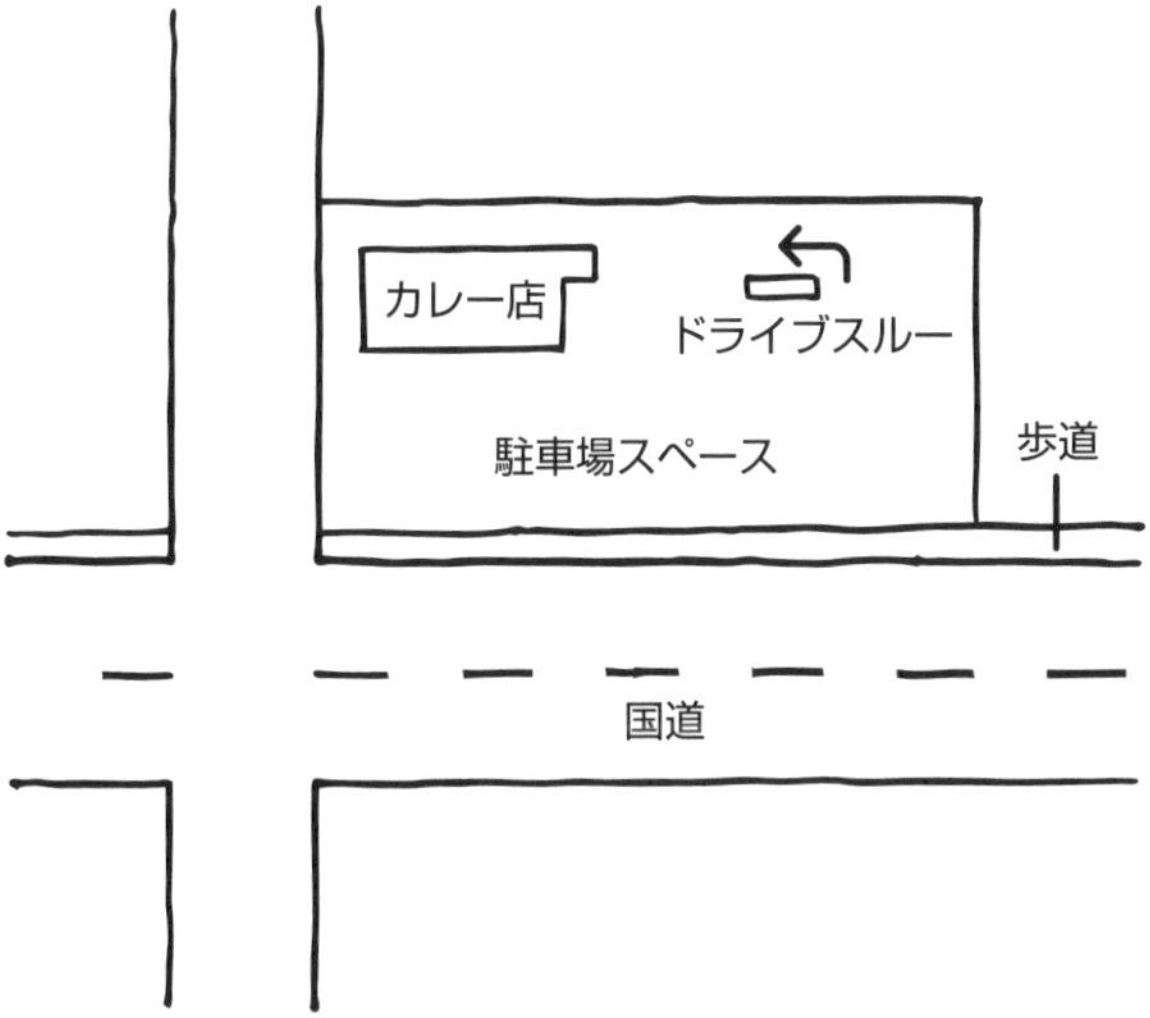

私が店舗物件を積極的に扱っていこうと志してから、最初に仲介させていただいたのは中京圏のカレー店でした。土地面積約1000㎡（300坪）、建物90㎡（27坪）、幹線道路に面した角地の店舗物件で、価額は8000万円（税込み）、賃料月額50万円（税込み）と物件概要書に書かれていました。私はこれだけで、非常に興味を持ちました。その理由は、「幹線道路の角地」だからです。この表現だけで私は見に行きたいと思うほどです。物件概要書には通常地番は書かれていても、住所の書かれていないものが多く、地番すら書かれていないものも多くあります。そこで、まずこの店舗の住所を仲介業者さんに電話で確認しました。その時、売却理由等も聞けるときは聞きます。賃料だけでなく、保証金や敷金の引継ぎのこと、固定資産税評価額や税額、物件価額に占める土地価額や、テナントさんが直近出ていく可能性などです。対応の仕方で、正直な業者さんか、あるいは売れればそれで終わりという業者さんか、大体見当がつきます。その時の印象で、それ以上その物件を追いかけないときもあります。トラブルの匂いを感じることもあるからです。

この物件の仲介業者さんはとても好印象の方でした。私よりも少し年配の方で、売主さんとも懇意にしていることも聞き、安心して取引のできる方かと思いました。早速住所から店舗の所在地を確認し、周辺環境を調べていきます。この道路沿いには、飲食店、コンビニ、カーディーラー、物販店が建ち並んでいます。仮にこのカレー店が退去しても、次のテナントがすぐにも見付かりそうな立地に見えました。早速、現地を確認しに行くことにしました。私は自分の住まいから、車で5時間圏内は車で行くようにしています。ここは2時間半で行けそうな距離ですから車で行きました。現地に着きますと、私が思っていた以上に、いい店舗のように思えてきました。現地を確認して反対の印象を持つことも結構あります。期待以上であるときは気持ちが明るくなります。遠方まで出向いて期待外れですと、疲れた気分になってしまいますが、期待以上ですと、「これはどの顧客に紹介しようか」などと、次の展開を想像して頭が回転しだすのです。この店舗は購入してもらっても心配なさそうだと思いました。なぜなら、この店舗が建って20年以上になりますが、その時からのテナントさんで、繁盛店だからです。

　こういう店舗が売りに出る場合、聞けば必ず納得できる理由があるはずです。理由なく売りに出ない店舗だと思いました。その点を率直に仲介業者さんに問合わせますと、理由は明快でした。すべての資産処分です。所有者は複数不動産をお持ちで、それらすべての売却を依頼されているとのことです。この店舗は最後に残った2店舗の内の一つということでした。この店舗の所有者は上場企業の元社長さんです。新聞雑誌等で私もこの方のお名前ぐらいは存じ上げていました。その方がリタイアされて所有不動産の整理のため、この店舗を売却されていたのです。この物件の登記事項証明書を確認しましたが、乙区欄には何も記載のない状態です。すなわち、借金はないということです。甲区欄はもちろん所有権のみです。お金に困って売られる物件ではないことがわかります。売買金額は、8000万円（税込み）ですが、指値ができるものかどうかを先に仲介業者さんに尋ねますと、「売主さんは、もっと高く買われているので、指値はすべて断られているという状況です。」とのお返事です。そうしますと、顧客にはそのことも最初からお話して購入検討をしてもらわないといけません。月額賃料は、50万円（税込み）です。年間600万円ですから、単純に600万円÷8000万円＝7・5％になります。この利回りは決して高いとは言えません。固定資産税評価額は売買金額の半分ぐらいです。路線価も調べます。周辺相場も調べます。そうしますと、物件価額の妥当性が見えてきます。多少高いかもしれませんが、この立地で、角地、幹線道路に面して間口も広く、敷地形状もいいとなりますと、なかなか巡り合えない店舗です。仮にテナントが退去してもコンビニが出店してもおかしくない立地であり、コンビニに貸すなら賃料はもっと高くなることを考えますと、価額が高過ぎるということもありません。それに保証金が1000万円あり、それはそのまま引き継がれるということですから、実際に買主が支払う額が、その分少なくなる訳で、600万円÷7000万円ですと、8・57％になります。物件にもよりますが、店舗物件で立地条件の良い場合、7％あれば合格点と思っています。この物件で8％以上なら、間違いなくお勧め店舗です。関西では、保証金は持ち回りと言いまして、売主がテナントから預かっている保証金は引き継がないで、返済債務のみを引き継ぐという方式で不動産は取引されます。それは店舗に限らず、マンション物件であっても同じです。この場合、物件の帳簿価額が返済債務となる保証金の額だけ増えるということです。この慣習は関西独特のもので、関西人にはそれが当たり前になっています。私も関西人なので、関西での取引はその慣習に従うべきかと思ってきました。でも、全国で店舗物件を扱い始めますと、そのやり方に違和感が出てきました。やはり保証金は預かっているものだから、それはきちんと売買時に引き継ぐのが当然と思うようになりました。関西以外の地域では、それは当たり前のことなのですが、関西ではその分最初から売買価額を下げているという解釈です。しかし、実態はそうではなく、その分あるいはその半分ぐらいは価額に上乗せされていると感じています。

私の顧客は関東にもいますが、ほとんどが関西の人ですから、保証金は売買価額と相殺、あるいは現金で引き継ぐことになりますとお伝えしますと、何か得をした気分になられることもあります。その分、決済時に用意しないといけない資金が少なくて済むからです。ですから、この物件は関西の顧客に紹介しようと思いました。私も過去、会社員をしているときに店舗物件の仲介をしたことはありましたが、この店舗は、店舗物件を中心に扱っていこうと思って仲介できた1号物件ですから、非常に印象に残っています。

購入してくださったのは、長年付き合いのある顧客の小沢さんでした。たまたま、この店舗を購入していただく前に、長年所有されていた不動産の売却資金をお持ちであったのです。この資金を使って購入されましたので、融資の問題は発生しませんでした。長期保有を前提とした資産価値のある不動産の購入を考えておられましたから、その思いに合致する店舗だと思いました。

私はこの店舗を小沢さんにだけ紹介しました。小沢さんに紹介すれば、おそらく購入検討してくださると思ったのです。小沢さんが購入されないときは、検討してくださるであろう次の顧客の顔も浮かんでいました。私は出張先からこの店舗を紹介するため、小沢さんに電話を入れました。小沢さんには、この店舗の概要・所有者・売却理由・私が感じた店舗の価値等をお伝えしました。小沢さんとは信頼関係がありますので、私の言葉をそのまま受け止めてくださり、かなり興味をもって聞いていただけました。後日、小沢さんにこの店舗資料を送り、机上での検討をお願いしました。早速、小沢さんから、「この店舗を見に行きます。」と連絡がありました。建物の築年数は20年以上経過していますが、近年建物の内外装とも改修工事をされていましたので、古さを感じさせない建物です。お店に入ってカレーを食べられたそうです。その間の来店客数も数えておられました。時間的には、まだお昼前にもかかわらず、続々とお客さんが入ってきます。小沢さんが店を出られる時には、約30席がほぼ満席になるような勢いであったとのことでした。駐車場も広いので客待ちになっても止められるだけの余裕があります。現地を見られて、かなりいい店舗だと判断していただけました。

後日、ここの店舗の売上はいくらぐらいかということに興味を持たれ、私もそれは同感でしたから、仲介業者さんにお願いをして確認していただきました。通常ですと、それを売主さんに聞いてもらってもわからないものですが、テナントさんともこの仲介業者さんが親しくお付き合いをされていましたので、聞いていただいたのです。そうしましたら、ここ数年の月間売上表を見せてもらうことができました。これは異例です。まず教えていただけることはありません。ですから、予測をする訳です。この店舗は年々売上の伸びている様子が伺えます。なんと、年間売上が1億円以上になっています。このとき、ふと疑問がわきました。この店舗の規模で年間1億円の売上をどのようにして上げているのか、逆に不思議に思ったのです。駐車場を見ますと、デリバリー用のスクーターが2台止まっていました。これは店外売上があるのかもしれません。再度、仲介業者さんに尋ねてみますと、店舗の周辺には大企業や官公庁がありますので、夜間にもデリバリーニーズがあるとのことでした。それに駐車場にはドライブスルーもあって、持ち帰りのお客さんもいるということを教えていただきました。これで納得です。私の質問に的確に回答をいただける仲介業者さんも実際には少ないのです。この仲介業者さんは、この店舗の価値を十二分に把握されていたのでスムーズに回答してくれたのです。一般的には売主仲介を受けた業者さんであっても、その店舗のことをしっかり把握している業者さんは残念ながら少ないのが実態です。仲介をするなら買主が質問するであろうことを事前に予測して、調べておくことが売買をタイミングよく決める秘訣です。疑問が解けますと、ますますこの店舗の潜在的な価値が高いと感じてきました。これだけの売上の立つ店舗は滅多にお目にかかれません。ということは、退店の可能性が極めて低いということになります。賃料も一般的にはカレー店で月額50万円は低い金額でありません。しかし、この売上を見ますと、70万円でも運営できると思われます。このことを小沢さんにお伝えしましたら、「安心して所有できますね。」との感想です。所有することに迷いがなくなられて、購入を決断されました。

賃料の妥当性を考える一つの目安に、固定資産税額があります。固定資産税の年税額と1か月分の賃料に相関関係があるように思っています。この時はまだそのことに気付かなかったのですが、固定資産税額と1か月分賃料がほぼ同等額であることが理想的と考えています。これは、多くの店舗の固定資産税額と賃料を意識して見てきた私独自の見方です。この店舗の固定資産税額は約46万円で賃料は税抜き約47万6０００円ですから、適正賃料であると思いました。

価額の妥当性を見てみます。通常、土地は路線価のあるところは路線価で、路線価のないところは固定資産税評価額の１・１倍で評価します。ここは路線価がありますので、それで評価しますと約３８００万円です。このあたりの取引実勢価額はその１・５倍と見積もりました。そうしますと５７００万円になります。建物は建築標準単価に床面積を掛けて、減価償却をして査定しますが、すでに耐用年数を超過している場合は、評価がゼロとなります。しかし、実態としてはまだ使える建物ですし、改修工事もしていますので価値は存在します。固定資産税評価額を参考にして、売買契約上の建物価額は１０００万円（税込み）となりました。この売買契約では、土地が７０００万円ですから、実勢価額と１３００万円の開きが出てきます。仮に、この物件を更地売却にすれば、その分マイナスになると考えられます。できればもう少し、指値をして土地代を下げたいものです。しかし、この土地は平成2年、すなわちバブルの絶頂期に売主さんが購入されたもので、この金額で売却しても大きな損失が出ます。それを覚悟しての売却値ですから、これ以上は下がらなかったのです。建物は木造で、築22年経過しています。そうしますと、減価償却は4年で計算することになります。単純に１０００万円を４で割りますと、年間２５０万円の償却額になります。４年経過後は、償却額がなくなりますので、所得計算上の経費は、借入金利もありませんから、固定資産税と火災保険料ぐらいです。賃料＝所得になってきます。高額所得者の小沢さんにとっては、税金が悩みの種になりそうです。これらのこともすべて承知して購入を決断されたのです。計算上の１３００万円をどう考えるかが判断の分かれ目になります。私の感触ですが、もし小沢さんが、土地代がまだ高いということで購入をあきらめていたら、おそらく他の方が購入していたであろうと思います。これだけの売上実績のある物件ですから、私の査定した土地の実勢価額は間違いで、もっと高く売れる可能性のある土地であるかもしれません。小沢さんは、安定して賃料収入のある店舗の購入を希望されていましたから、テナント退去の可能性の極めて低いこの店舗はイメージ通りであったと思われます。おそらく10年以上はこのままの状態で推移するでしょうから、いつかは自己資金の回収も終わり、この店舗は収益を生む資産として、小沢さんには購入して良かったと思っていただける店舗になると確信しました。後日、小沢さんが「いい店舗を買わせていただき、喜んでいます。」と言ってくださり、私は1号店舗で感謝のお言葉を聞け、うれしくなりました。これからもどんどん『お勧め店舗』を発掘して、顧客に喜んでいただこうと思った次第です。

Episode.2

四国のコンビニ店舗

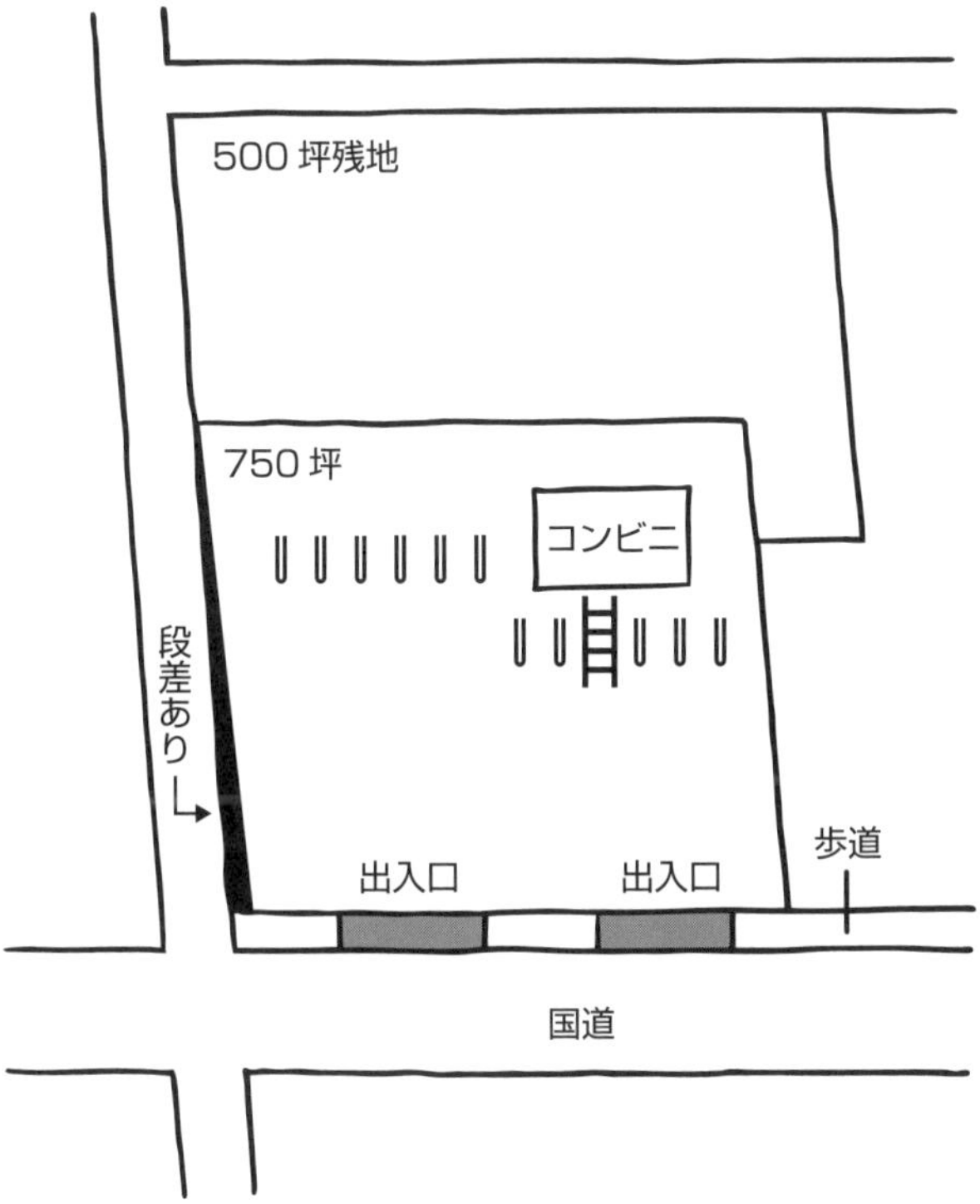

私はコンビニ店舗が好きなので、コンビニ店舗を所有しています。でも、グロス金額が大きいので、自己資金の少ない私には数多くは買えません。コンビニは年間出店数も多いのですが、退店も多いのが特徴です。そのため、購入後すぐの退店ではしまったということになってしまいますから、慎重に検討せざるを得ません。特に、周辺相場と比べ、賃料設定の高いコンビニが収益還元方式で売値設定されている時は要注意となります。退店した後に他のテナントに貸すにしても、賃料は激減する可能性があります。それに土地も実勢価額以上で設定されているものが多いのです。賃貸中はこれほど、手間の掛からない店舗はないというほどいいのですが、常に退去の心配をせざるを得ないのもコンビニです。その店舗で、平均以上の売上が立っているなら心配もないですが、そこを見極めるのが難しいのです。その一つの目安になるのが敷地面積です。都心部では敷地面積が100坪前後の駐車場のない店舗でも、人口が密集しているため売上が立ちます。地方都市では車社会となっていますので、駐車場台数の取れないコンビニは退店リスクが高いと言えます。そのため、人口密度の低いところほど敷地面積は広くないと売上も立たないということになります。

このコンビニは四国にあります。築3年の新しい店舗でした。売主は地元不動産会社の社長さんです。個人所有されていたものを資金回収の目的で売りに出されていました。元は、この土地の自社利用を考えていたY法人が所有していました。何らかの理由でそこでの事業を断念したようです。その折にタイミング良く、コンビニの方から出店要請があって賃貸することになった物件と聞き、大変興味を持ちました。コンビニの方から出店したいと直接地主に言ってくる店舗は、退店リスクが低くなる傾向があります。それは市場を十分調査して、ピンポイントの出店地であるからです。コンビニの出店ケースには、①コンビニの店舗開発の担当者が自ら店舗立地を見付け、地主に直接交渉して出店するケース、②地元不動産業者さんから出店用地として土地の紹介を受けて出店するケース、③地主から直接出店依頼を受けて出店するケースがあります。この中では①のケースに当てはまります。このケースからは、出店意欲の高さを伺えます。どうしても出店したい路線というものがコンビニにはあります。また、同業他社が同じ路線に入ってこないように、一つの路線で複数出店するケースもあります。これは戦略的に行われています。この店舗を挟んで両側2キロほどの距離を車で走ってみましたところ、同業他社のコンビニは1件だけで、ここと同じコンビニがもう1店ありました。そこよりは立地がいいと判断しました。

このコンビニが開店して間もなく、所有法人が債務超過となり銀行マターで売却が進められ、その銀行と取引のあったこの社長さんが2年前に個人名義で購入された物件ということがわかりました。それはまだコンビニがオープンして1年目のことでした。

店舗は準幹線道路に面した間口の広い敷地にあります。片側1車線で中央分離帯がないので、両車線から出入りできます。角地でもありますが、側面からの侵入は段差があるためできません。しかし敷地規模は約2480㎡（750坪）あり、このあたりのコンビニの中では上位ランクに入る広さと言えます。トラックの駐車もできます。売値は税込み8000万円です。この売値の中には、コンビニが利用していない土地約1650㎡（500坪）が含まれていました。すなわち、土地面積は1250坪が売買対象になっているのです。この未利用地を分筆し、単純売却できれば資金回収はできます。ですが、それを買主が行うにはリスクが伴います。売却先が具体的に見えないからです。このことで、率直に売主さんと話をすることができ、「土地は分筆してその分価額を下げてください。」と、お願いしました。それも了解していただけ、価額は税込み7000万円という回答をいただきました。残地の500坪1000万円というのが、高いのか安いのかわかりません。しかし、元は畑で、現状は荒れ地になっていて何かに利用するにしても、私には手に負えないと思ったのです。

7000万円なら買いやすい金額になってきます。月額賃料が税込み70万円、ただし、この店舗はコンビニ側の資金3000万円を建築協力金として地主に貸して、建てられていました。その建築協力金の返済期間は180か月（15年）です。そのため、毎月の賃料

70万円から16万6000円が相殺され、手元に入る賃料は53万4000円です。実質年間手取額は53万4000円×12か月＝640万8000円となります。そうしますと、利回りは、640万8000÷7000万＝9・15％になります。この利回りなら決して悪くはありません。ただし、店舗所在地が市ではなく町です。路線価も付いていないエリアで、一言で言えば、田舎なのです。そうしますと、出口を考えたときに多少の不安が出てきます。固定資産税評価額は、土地が4800万円、建物が1420万円でした。実勢価額として、土地は固定資産税評価額の1・2倍で見ておきます。1・3倍以上でも売れる土地と聞きましたが、ここは固めに見ておく方が無難です。1・2倍ですと5760万円、建物は建築協力金3000万円で建てられています（実際には整地費用や水道の引込工事、アスファルト工事も含まれています。）ので、建物価額は、築3年の鉄骨造ですから、2700万円の価値が見出せます。そうしますと合計額は8460万円になりますから、お買い得感が出てきます。しかしながら、これはあくまで机上の計算でしかありません。コンビニ賃料が10年以上にわたって受領できることが大前提ですから、そこを甘く見る訳にはいきません。どんな場合にも損失が出ないように、損失が出た最悪の場合でも、それが最小限になるように考えておくことが必要です。賃料の妥当性を検討します。固定資産税額が69万3000円ですから、月額70万円の賃料とほぼ同じです。そういう意味では妥当性はあります。しかし、コンビニ以外の店舗となれば、月額70万円を支払える業態はあるのか考えて出てきた答えが、ドラッグストアでした。敷地７５０坪はドラッグストアにしては少し小さめになりますが、出店できない面積ではありません。その場合は店舗の建て替えとなりますが、再度、建築協力金で建てることができると思いました。将来のことでもあり、実際にはその通りになるとは限りませんが、このように思い付くということが大事なのです。全く思いつかないのでは、次の展開が見えないということになりますから、検討時の評価としては減点せざるを得なくなります。それでも購入するかどうかは、出口が見えているとか、他の要素でカバーできるということがポイントになります。

この店舗は当初私が購入する予定で検討し、資金段取りを考え融資の依頼も済ましていました。その際銀行からの返答は、最大で６０００万円ということでした。そうしますと、自己資金は諸費用込みで１４５０万円程になります。買えなくもなかったのですが、ちょうどそのころ別物件の融資をお願いしている最中で、融資はその物件の決済が完了してからの判断となり、すぐには動けない状態でした。

この年の2月に地方銀行さんの顧客向け不動産セミナーで、私が講演をさせていただく機会がありました。講演の中で店舗の魅力についてもお話をさせていただいたところ、不動産投資の中に店舗があることをご存じなかった参加者の中に、非常に興味を持ってくださる方が数名いました。その銀行の支店長には私が日頃お世話になっていて、その支店長が取引をしたいという新規開拓をした方も私の話に興味を持たれたようで、「是非とも店舗を購入したいと言われています。」と、その支店長から連絡が入ったのです。早速、支店長が新規開拓したいという顧客の山村さん宅へ、面談にお伺いしました。もちろん、その支店長も同席です。ご自宅は大きな門構えのある豪邸です。どうもこのあたりの大地主さんのようです。すでに何棟かマンション・アパートをお持ちとのことでした。どちらの不動産セミナーに行っても、店舗が投資対象になるという話は聞かれたことがないらしく、目から鱗の出る思いで私の講演を聞いていただいていたようです。また、別の銀行の紹介で知り合った大手不動産業者さんからも、店舗の紹介はなかったらしく、是非紹介をしてくださいと依頼され、支店長からも是非にと、お願いされてしまったのです。しかし、その時すぐには山村さんにご紹介できそうな店舗はありませんでした。

それから1か月ほど経過しました。何とか、日頃お世話になっている支店長へのご恩返しも考え、今私が検討しているこのコンビニ店舗を支店長にまずお伝えし、これを紹介させてもらってもいいかを確認しました。それには理由があります。この銀行は関西の地方銀行ですから、四国の店舗には営業エリア外のため融資ができないのです。融資ができないのであれば、支店長の成果にならないのではないかと思ったのです。しかし、支店長は、その店舗が良ければ融資に関係なく山村さんに紹介して上げてくださいと言われ、まずは山村さんに喜んでもらうことを優先したいというお気持ちでした。その気持ちにお応えすべく、この店舗を山村さんにご紹介することになったのです。ご紹介するタイミングで、別のコンビニ店舗の売り情報もいただいていましたので、比較をしてもらうことも考え、両方見ていただくことにしました。すぐさま、山村さんは2店舗のコンビニを見るため、現地まで車で息子さんと一緒に行かれました。山村さんからの返答は、私が検討していたこのコンビニを購入したいということでした。山村さんは、資産家で現金でも購入できる資力をお持ちです。お話を伺いますと、店舗を3棟ほど購入したいと思われています。そのため、ある程度融資を利用して購入することを提言しました。売主さんには、私の顧客が購入することを伝え、土地は分筆して、コンビニ部分だけを7000万円で売買契約することになりました。内訳は、土地が5650万円、建物が税込み1350万円です。ただし、売買契約上建築協力金の残高を決済時に建物価額に参入して引き継ぐこととなっていますから、実際の建物取得価額は、約3500万円（税込み）となります。建物価額が高いように思われるかもしれませんが、建物は減価償却していきますので、総額が同じであれば、土地が高くて建物が安いというよりは、こちらの方が買主にとっては有利になります。売主さんにとっては、思い通りの売却価額となって満足されていますから、両者にとって合意できる内容であり、取引時価として妥当な金額と言えます。

融資については売主さんの取引銀行から、「関西にも支店があるので、是非山村さんに融資を使ってほしい。」という話がありました。私は山村さんの依頼もあって、私が融資を打診した銀行を紹介しました。両銀行で審査をしてもらって、有利な条件を提示した銀行で借入することにされました。結果的に、私がご紹介した銀行で、融資期間15年、固定金利1％で5000万円の借入をされることになりました。この融資条件はかなりいい条件です。まさに山村さんならではの融資条件かと思います。土地の分筆も完了し、決済も無事終え引渡しを受けることになりました。賃貸借の当事者はコンビニ本社ですが、運営をされている店長さんには利益の出る店舗として頑張ってもらいたいという気持ちもありますから、決済当日、私も山村さんに同行し、コンビニの店長さんにもご挨拶させていただきました。山村さんも店舗オーナーになられて満足そうな笑顔でした。

後日談になりますが、山村さんには別途関西圏でコンビニ店舗を購入していただき、その時はあの支店長の銀行で融資を受けていただきました。支店長にもこれでご恩返しはできました。コンビニ2店舗のオーナーになっていただいた山村さんには「もう一棟買いたい」との気持ちもおありのようですが、他のお客様もいますので、店舗の紹介はしばらくお待ち願っています。私自身、特にコンビニ店舗が好きなものですから、全国区で情報もいただきます。しかし、コンビニ店舗で私のお勧め店舗というのは、そうそうあるものでもないということはお伝えしているところです。特に関西圏でのお勧め店舗は、コンビニ店舗に限らず、この3年間で山村さんにご紹介させていただいた店舗のみでした。関西圏でお勧め店舗を探すのは非常に難しい状況になっています。まだ関東圏の方が探しやすいと思っています。その理由は、関西独特の持ち回り保証金がネックになっていることもありますし、関西の不動産価額が理屈ではまったく合わない状況になっているからです。店舗の購入もいろんな要素がかみ合って初めて買えるものだと思います。一言で言えば、それは「縁」とも言えます。その縁が、巡ってくるタイミングを待っていただきたいと思っているところです。

Episode.3

北海道の２階建店舗事務所

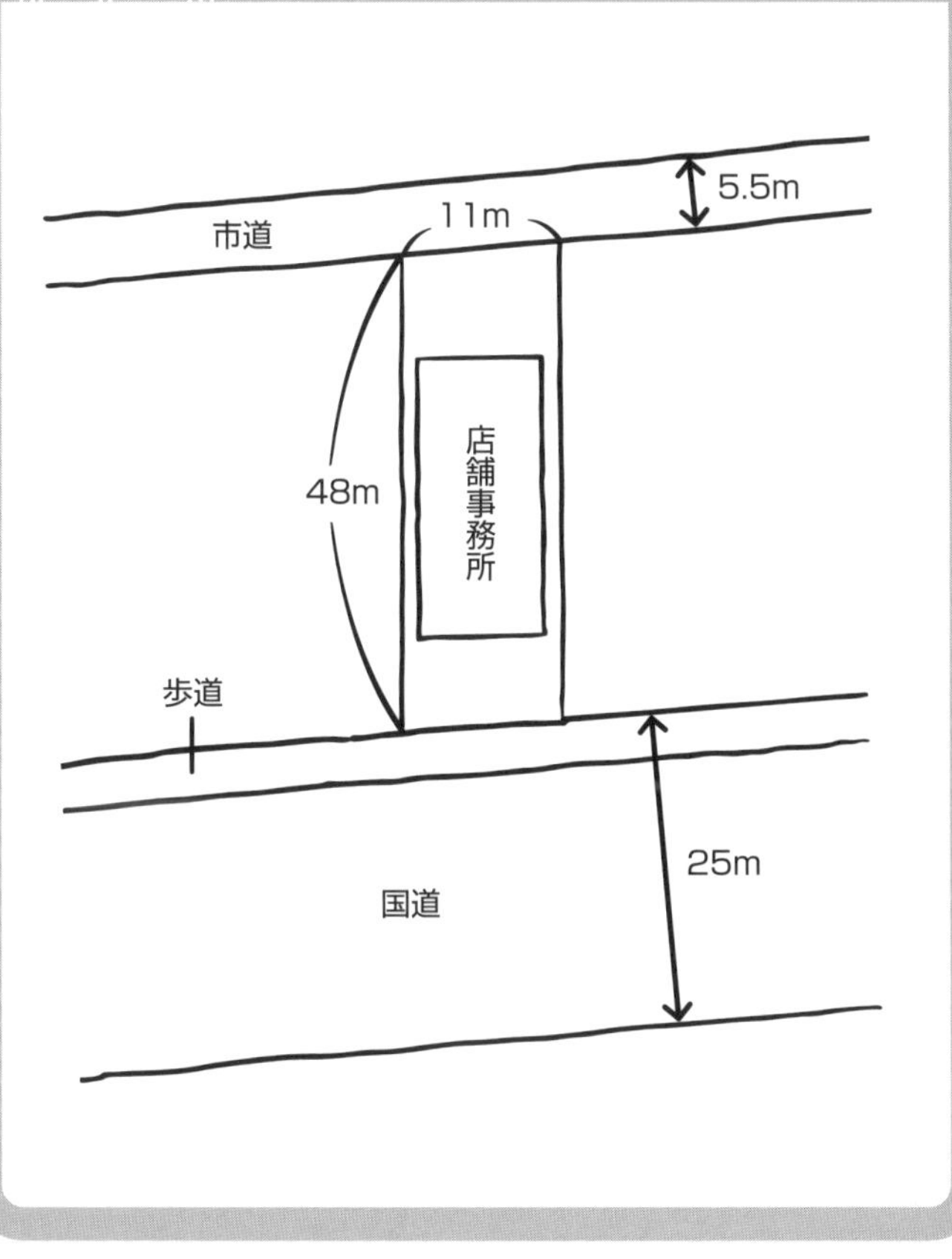

この物件は、私の定義した店舗とは少しずれている例外店舗と言えます。しかし、その定義の枠からはみ出した例外店舗の中にも、「お勧め店舗」はあります。それがこの店舗事務所の物件です。1階が店舗・2階が事務所になっています。北海道にある物件です。

余談になりますが、北海道に行くようになり、実感としてその広さを感じるようになりました。北海道の面積を調べてみましたら、東北6県（青森県・岩手県・秋田県・山形県・宮城県・福島県）の合計面積よりも広く、九州と四国を足した面積よりもまだ広いのです。このように申し上げましたら、その北海道の規模がわかっていただけますでしょう。北海道のどの地域に行くかで、交通手段が変わってきます。私が現地確認に行く場合、それだけが目的なら通常日帰りが原則です。でも、北海道の場合、地域によっては日帰りのできないところもあります。それでも、北海道に行く回数は他の地域に比べ多くなってきています。私の眼には北海道の不動産が魅力的に映っています。

この店舗は例外物件ですから、私が購入を検討していました。何が例外かと申しますと、当時まだテナントが入居していない空室物件だったのです。テナント入居のない空き店舗は自己使用の場合を除き、通常融資の対象にはなりません。融資を前提に考えていましたので、テナント入居後の購入となるのです。そのためにはテナント募集をし、テナント賃料が入るというところまで待たなければなりません。検討後しばらくして、入居の中し込みがありました。その賃料は予想以上に高いものでした。この場合、本物件を売るためにつけられた「見せかけのテナント」であるかどうかを見極めないと、購入後すぐに退去ということにもなりかねません。そこで、まず賃貸借契約申込書を見せていただきました。入居者は住居等のリフォーム会社で、本社の業績が順調なため、営業所の増設でここを借りに来られたようです。確かに、その会社を調べてみますと見せかけではないようです。1階をショールーム、2階を事務所として利用したいとのことで、賃貸借契約後すぐにも内装工事に入られるとのことです。賃貸借の条件は、借主が建物内部の工事をすべて行うことになっています。いわゆる、スケルトン渡しです。貸主にとってはこの方法が一番いいですね。手間も費用も掛かりませんから貸しやすいということになります。

この物件の敷地面積は約530㎡（160坪）、間口11m、前面と後面に道路が接しています。前面道路の幅員25m、後面道路の幅員が5・5mになっています。お客様用の駐車場が店舗の前面にあり、後面には社員用の営業車や自家用車が駐車できるようになっています。建物は2階建てで面積は1階2階とも250㎡（75坪）です。築年数は約30年。建物外観はそれなりに手を入れないと見栄えも悪いですし、クラック（ひび割れ）も見えますから防水工事も必要になります。屋上防水工事もしないといけない時期が来ているように思えました。鉄骨造ですから、築年数からして建物評価は出にくい物件です。土地の路線価評価が１４５０万円です。実勢価額は路線価の１・４倍と見ました。そうしますと土地価額は約２０００万円になります。この物件価額は、税込み３０００万円です。固定資産税の評価額を見て驚きました。建物評価額が、約１９００万円になっています。土地は約１１００万円です。そうしますと、売値は固定資産税評価額と同等価額です。売買価額の内訳はどうなるのかを仲介業者さんにお尋ねしますと、売主さんは消費税の非課税事業者であるため、価額按分しないで総額取引をしますという回答です。この場合、買主は土地建物の価額按分を合理的に按分すればいいと税法上なっていますから、固定資産税評価額按分にすれば建物価額は大きくなり、減価償却額もその分大きくなります。これは大きなメリットです。すなわち、減価償却期間が計算上10年になりますので、10年間入居してくれれば、その間に建物の減価償却が進み、最終的には土地の簿価として１１００万円残るだけですから、10年後の更地価額はここまで下がらないと想定できます。すなわち、損はしにくい物件と言えます。

賃料はと言いますと、月額37万８０００円（税込み）ですから年間４５３万６０００円になります。単純に利回りを計算しますと、４５３・６万円÷３０００万円＝約15％になります。これは非常に高い利回りです。私が取り扱った物件の中では最高の利回りです。こんなにいい物件をなぜ売主さんが売られるのか不思議になります。売主さんの売却理由は、相続で引き継いだ不動産で、所有し続ける意思がないからというものでした。世の中にはこういう人もおられるのですね。

賃料は相場より高いかもしれません。税込み30万円ぐらいと思っていましたので、将来テナントさんが退去した場合は、賃料は下がると思います。でも、30万円でも利回りは12％ですから、投資的には申し分ありません。今回リフォーム会社に一棟貸しが決まったことは、この物件には大きなプラスです。なぜなら、この会社はリフォームを考えているお客様を1階のショールームに案内する構想ですから、見栄えよく内装を替えるでしょう。外装もこのテナントさんに任せて支払をすれば、喜んでくれるはずです。そうしておけば何か建物に不具合が生じても、自ら修繕してくれると思います。支払があっても、修繕のたびにどこかに頼まなければいけないという手間から解放されるだけでもありがたいことです。この物件のテナントさんは、遠方の人が所有者になる場合には打って付けだと思います。

そんなことで購入を前向きに考えていました。後は融資付けをどうするかです。この物件ですと、15年借入のフルローンにしてもキャッシュフローが回ります。それだけ利回りが高いということです。購入検討するとき、必ず不動産投資計画書を作成し、キャッシュフロー等の確認をします。この物件で借入額がいくらになるか、あるいはいくらにするかを決めるのです。フルローンをしてくれる銀行はあったのですが、その融資条件が私には合いませんでした。そんな時、2人の顧客から店舗を購入したいと連絡が入りました。お2人とも親しくお付き合いをさせていただいている顧客で、私が店舗を買い始めていることを知って、「それなら自分も」と思われてのことです。お2人とも初めて店舗購入にチャレンジする人達です。この物件は「お勧め店舗」に変身し、融資のご紹介もできます。このお2人に、「同時にもう1人の顧客にも紹介します。」とお断りを入れて検討をしていただきました。その内のお1人は見に行く時間が取れないということでしたが、もう1人はご紹介をして3日後には北海道に飛んで、現地確認をして来られました。翌日「ぜひ、私に買わせてください。」と連絡をいただきました。物件を見て感じるものがあったようで、少し興奮気味なご様子です。私はいくら買いたいと言われましても、物件も見ずに買うことを良しとしません。必ず先に現地へ行って物件確認をしていただくことにしています。そうでないと、私の言うことだけを信じて購入し、「思っていたイメージと異なる。」と言われても、後の祭りになります。あくまでも、買主さんには自己責任を貫いていただくことを原則としています。そんなことで、素早く反応し行動に移された松島さんに購入していただくことになりました。松島さんには融資先についてお伝えし、2700万円の融資を受けられることになりました。自己資金は諸費用込みで600万円弱です。当初自己資金は最低1000万円必要と思われていましたから、これにも満足されていました。売買契約も済み、1か月後決済となりました。決済当日は私も現地に行き立ち会いました。決済は問題なく終わり、テナントさんへご挨拶に行かれました。私も同行させていただいて、現地の建物を見てびっくりしました。何と、このテナントさんは内装工事だけでなく、外装工事もしており、建物はきれいに塗装が施されていて、以前見に来たときとは別の建物のようになっていました。中に入りますと、1階はキッチン・ユニットバス・トイレや室内備品のショールームで、これまた見違えるほど美しくなっていました。2階が事務所で、松島さんは本日よりこの店舗の新所有者になった旨をテナントさんにご報告をされました。その折、外装の件をテナントさんにお伺いされましたら、前所有者さんから「お好きなように改装してください。」と言われて、させていただいたとのご返事です。これで外装費用の予算は浮いた訳ですから、松島さんはにんまり笑顔です。建物内には改装仕立ての匂いが残っていましたから、すべての工事が完了してからあまり時間が経っていないことがわかりました。何度松島さんのお顔を拝見しても、大満足の笑顔を振り撒かれていました。

この物件を松島さんが購入することができたのは、松島さんの素早い行動力の賜物だと思います。大阪から北海道へ物件確認のためだけに、他のことはさておいて、迷わず行くという決断のできる人は限られています。チャンスは誰にでも与えられますが、それをチャンスと思って行動に移せる人だけが、そのチャンスを掴むことができるということです。松島さんにはこの物件とのご縁があったのだと、私は思いました。

Episode.4

中京圏の事務所・倉庫

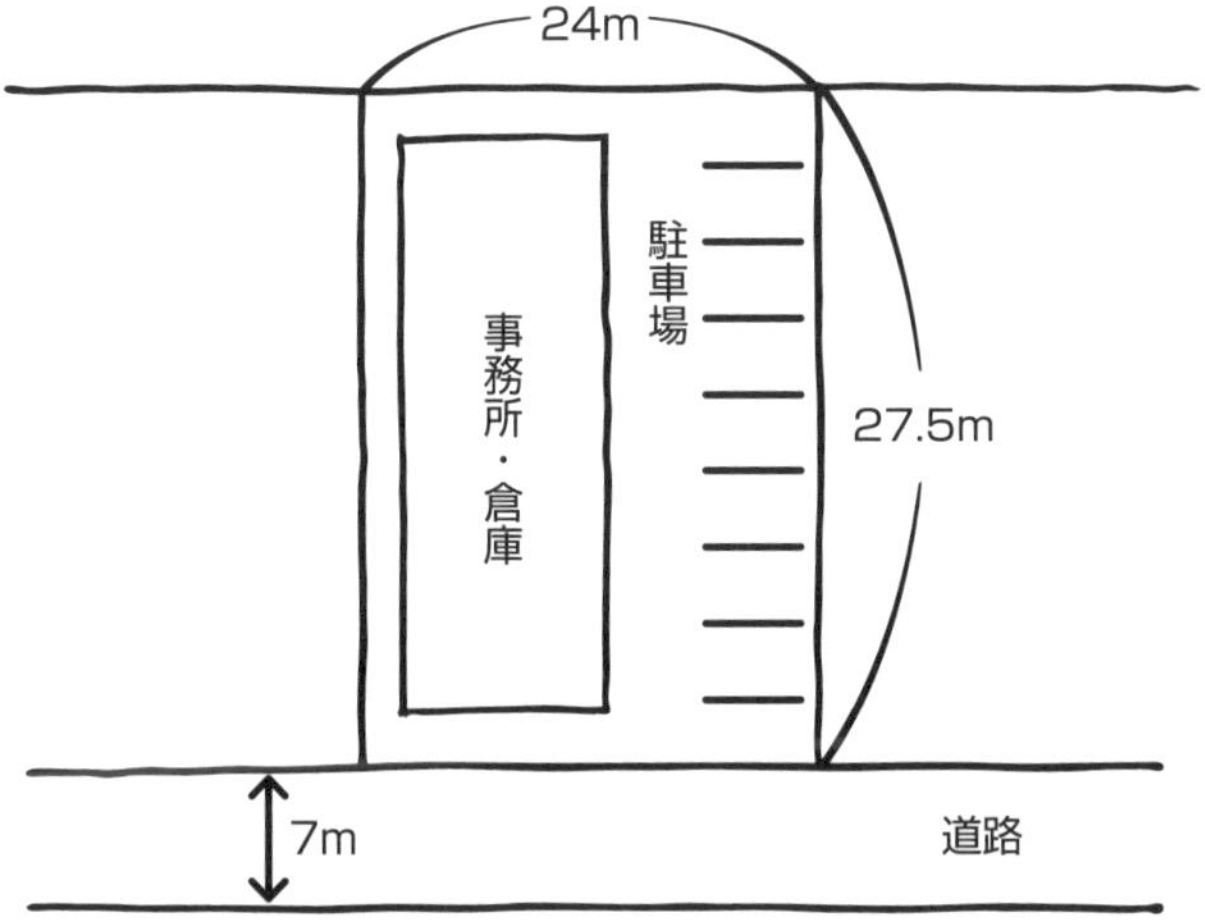

ここでご紹介する物件は、購入から出口（売却）までの完結目処がついた物件です。どんな物件であったか、ではそのストーリーをお話しします。この物件が売りに出ましたのは、平成26年の初頭のことでした。売主は不動産業者さんです。この不動産業者さんは、この物件を売却目的で取得されていました。登記事項証明書（登記簿）を見てみますと、元の所有者は土地活用で収入を上げるためか、あるいは相続税対策を目的として所有地に事務所・倉庫を建てて、賃貸されたものであると思われます。建築確認申請書等を見せていただきますと、建築をしたのがテナント物件を得意とする建設会社でしたので、おそらくテナントありきで、建てられた建物【平成5年築・鉄骨造平家建・床面積２５０㎡（76坪）】であると推測できます。当初テナントは大手企業でしたが、いつしか退去し、テナントも変遷しているようです。平成19年に相続が発生し、数年後どんな理由かはわかりませんが、役所から差押をされていたことが登記から伺えました。この相続人の売却理由はこれが原因かと思われます。そして、平成25年にこの物件を不動産業者さんが取得されていました。こうして登記事項証明書を元に、物件の歴史を読み解くことも、私は重要なことかと思います。売主が不動産業者さんである場合、売却で利益を出すことが目的ですから、いくらで取得したかを想定できます。これは売買価額の妥当性を検討した後、指値をいくらぐらいまで可能かを考える一つの目安になります。

売りに出された価額は税込み３６５０万円でした。土地は前面道路幅員７ｍに面した整形地で、間口約24ｍ・奥行き約27・５ｍで、面積は約６６０㎡（２００坪）です。土地の路線価評価は２５８０万円です。実勢価額は路線価の１・４倍と想定しました。そうしますと価額は３６００万円になります。建物の時価評価は２０００万円と見ました。しかし、固定資産税評価額は、倉庫として評価されていたため４５０万円です。固定資産税の年税額は土地建物で約30万円です。私の査定額は合計で、５６００万円になりますので、これは融資額が伸びる物件と言えます。賃貸借契約書を見ますと、月額賃料は税込み30万円です。借主は地元に根付いたエクステリア関連のテナントさんです。ここの業績等を調べたところ、本店は別の場所にあって他にも支店のある優良会社のように思えました。利回りを計算しますと、年間賃料３６０万円÷３６５０万円＝９・８％です。これまでの検討で、これはお勧め店舗になるかもと思いました。その後、現地を確認し、周りの環境や賃料の妥当性も確認しました。周辺は比較的いい住宅街ですから、テナント向けエリアというより、マンションやアパートに向いている立地です。出口を考えると現在のテナントさんが退去したときに、このまま実需で売却か、更地で建売業者さんに売却かを想定しました。次の借り手を探すのは時間が掛かる可能性が高いと感じます。この物件の資産価値を生かしてそこで完了する方がいいと思いました。私の感触は悪くはありません。そこで仲介業者さんに何点か売主さんに確認していただきました。その中で、テナントさんから賃料の値下げや退去を考えているというような話が過去になかったかを聞いてもらったのです。そうしましたら、テナントさんは事務所倉庫の自社所有を考えているようで、幹線道路沿いで物件が見付かれば、それを購入して移転したいというお気持ちのあることがわかりました。でも、思うような物件に巡り合うことができずに、この物件を借り続けているという内容でした。このテナントさんは業績がいいのであろうなと思いました。その話を聞き、退去リスクが見えているのに顧客にお勧めすることはできないと思い、いったん検討はここで止めておくことにしました。

それから1年が過ぎ、まだこの物件は売れてはいませんでした。再度気になって仲介業者さんに確認しますと、実需での買いを希望する話はあったようですが、賃貸中の物件を買いたいという話はなかったということでした。テナントさんは1年前と同じテナントさんです。1年経っても転居先として購入に値する物件が見付からないのであれば、このまま借り続けられる可能性もありますし、仮に退去されても実需で購入したという問い合わせがあったのであれば、売却に出しても比較的早く売れるかもしれないと思いました。そこで、再度顧客に事情説明をしてお勧めすることにしました。融資額は銀行から一定の条件をクリアできる人なら、３０００万円の融資がＯＫとなっています。その時、この人なら興味を示してくださるのではないかと思ったのが川藤さんでした。川藤さんはこれまで何度も店舗物件を購入されてきた人ですから見る目もお持ちです。銀行融資も問題ない人ですから、この物件をどう評価していただけるか、お話してみたいと思ったのです。物件概要書や投資計画書、その他私の知りえた事実、私がどうこの物件を評価したか、そして出口まで考えたストーリー等をご説明したところ、すぐさまこの物件を見に行ってみますとのお返事でした。仲介業者さんの案内で現地を見られ、近隣で売却中であった新築戸建ての売却価額も確認され、この物件の資産価値に注目されたようです。仮にテナントさんが退去されても、何とか損をしないで売却もできるという判断に同感してくださいました。退去はいつあるかわかりません。突然いい物件が見付かって、すぐにも退去ということになるかもしれません。数年入居していただけるのであれば、賃料を滞納されるようなことはないでしょうし、その間の収益を考えるとリスクは少ないと考えられました。売主さんには売買価額を50万円下げてもらって、3600万円で購入されることになりました。利回りは10％です。借入は予定通り3000万円、自己資金額は諸費用込みで約850万円となりました。平成27年4月に決済を完了し、川藤さんがオーナーとなられました。その後もテナントさんとの関係は良好に推移しました。取得後1年が経過しようとしたとき、売主さんから退去の連絡がありました。予想されていたこととは言え、思っていたより早い退去となります。その時、川藤さんから相談がありました。今後再度賃貸募集をするか、あるいは売却に出すかです。当初この物件を購入していただくときに、退去があれば売却と考えていましたので、迷わずその旨をお伝えし、売却については購入時お世話になった仲介業者さんに依頼することを提案しました。川藤さんはそれに異存がないということで、私の方からその仲介業者さんに連絡をして、引き受けていただきました。売値については私も意見を述べさせていただき、現状渡しで4000万円を少し超えたところの価額で売却に出すことが決まりました。当初、建売業者さんから引き合いがありましたが、詰める話には至りませんでした。私は半年以内に決着すればいいと思っていました。長ければ1年以上掛かることもあります。時機を見て価額を下げることも検討しなければなりません。川藤さんにすれば、賃料が入ってきていませんから、早く売れるに越したことはありません。川藤さんが売却に関して心配され出すであろう期日は3か月が経過したときくらいかと思いました。私は事前に3か月を目安に次の展開をどうするか再度検討しましょうと伝えていました。自分の見方が間違っていたら申し訳ないことですし、念のため、地元の賃貸業者さんにこの物件を再度テナント募集をするとなると、いくらぐらいの賃料になるか査定依頼をしました。その結果は、月額賃料20万円から25万円というものでした。これでは川藤さんに賃貸をお勧めできません。ここは売却に力を入れるべきと思いました。3か月を過ぎたころ、仲介業者さんの頑張りもあって、2社から問合わせがありました。2社とも真剣に検討したいと思っているようです。最終的には融資に問題がないと判断された買主X社さんと交渉され、指値はありましたが、購入価額よりも高い金額で売買契約を締結されることになりました。その契約をされたのは、私がまだ本書の原稿を執筆している最中でした。まだ決済まで1か月弱ありますが、川藤さんもほっとされていました。実は安心したのは川藤さんより、私であったと思っています。川藤さんは大事な顧客でもありますし、今後も長いお付き合いをしていくつもりでいる方です。私のことを信頼してくださって購入されたであろうこともわかっていましたから、損をさせることになっては申し訳ないと思っていました。でもそうならずに済んで、正直ほっとしました。

Episode.5

関東圏のコンビニ店舗

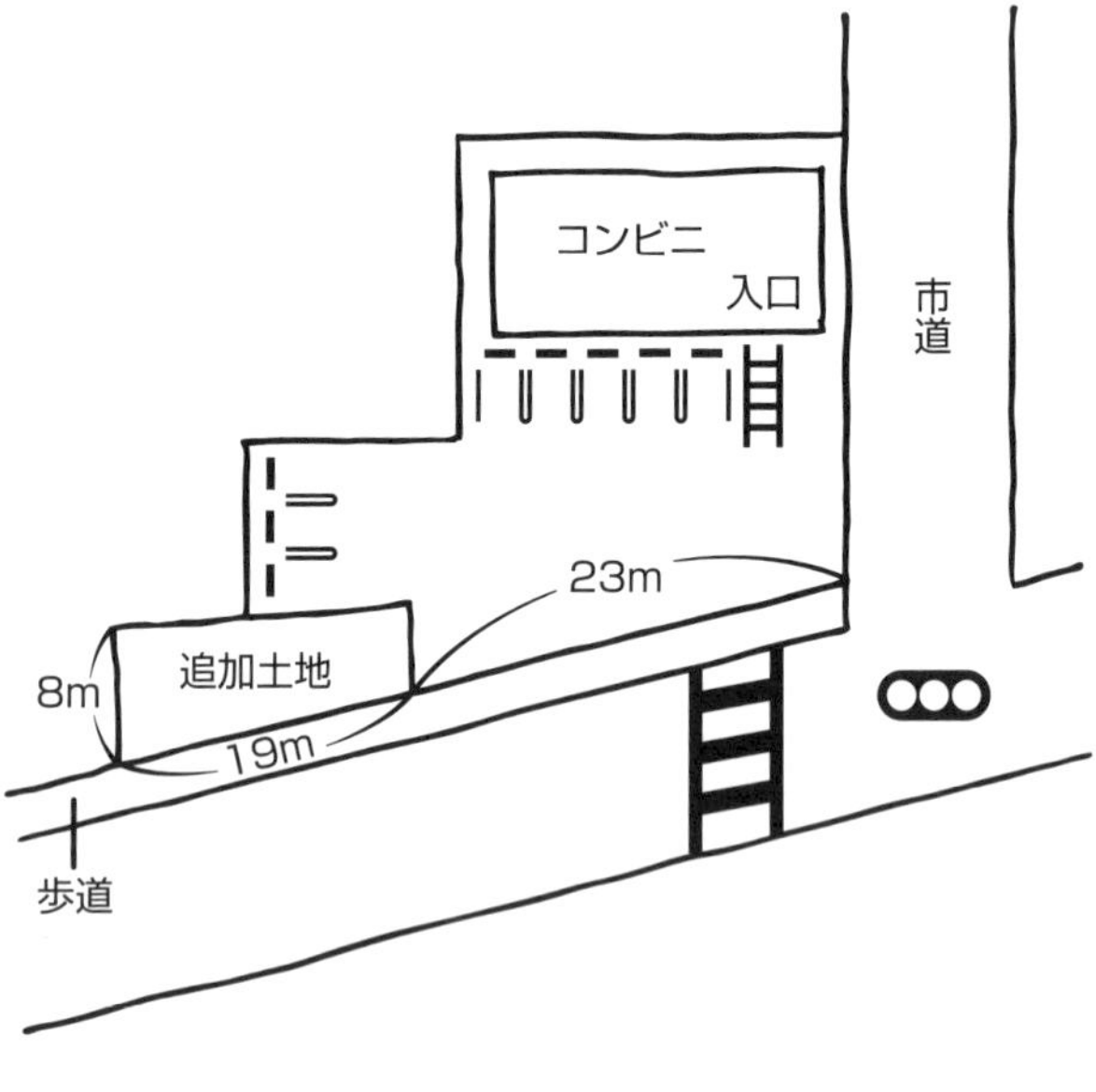

この物件は、関東圏の郊外にあるコンビニ店舗です。元は相続税対策のためにこの店舗を新築時に購入されたものです。所有者の方が亡くなられ、相続で取得された方が今回の売主さんです。本物件が相続税対策のための取得が目的でしたから、その目的も終えたというのが売却理由です。土地面積は約650㎡（196坪）、建物は平成21年築の鉄骨造平家建・160㎡（48坪）の店舗です。物件価額は税込み9380万円、月額賃料は税込み81万5000円です。この物件もコンビニ側の建築協力金で建てられていました。その返済条件は、賃貸借期間の20年（240か月）、毎月13万5000円です。そうしますと、実質手取額は68万円になります。年間816万円です。この時の利回りは建築協力金の残高を売価に足して、契約賃料で見ることもしますが、ここでは売価に対する実質手取額で計算します。816万円÷9380万円＝8・7％です。コンビニにしては利回りは高い方です。そうしますと、何か理由があるのではないかと勘繰りたくなります。そして気になることもあります。郊外店舗の割に敷地面積が小さいと感じたのです。郊外型のコンビニ店舗は敷地面積が少なくとも300坪はほしいところです。この物件は角地ではありますが、敷地形状もいいとは言えません。ただし、この店舗にとってはうまく駐車場も配置されていますから、形状の悪さは気になりません。駐車台数は8台ですから、できることなら最低10台ほしいところです。でも、関東圏ではなかなか出ない物件だと思い、現地を見に行くことにしました。当日仲介業者さんにも来ていただき、気になるところはどんどん質問していきました。実はこの店舗、仲介業者さんが土地を取得してコンビニを誘致し、建物の建築をしたということでした。建てて売却されたのもこの会社ですし、担当されていたご本人が来られていたので、この物件のことは熟知されています。もともとガソリンスタンドの跡地のようでした。土壌の汚染は、問題なく処理されていました。道路側の敷地の一部を塞ぐように他人地が入り込んできています。この他人地が約96㎡（29坪）ありました。道路に面して間口が広く奥行きの狭い土地ですから、建物を建てるには難しそうな土地です。売るに売れない土地ではないかと思いました。仮に、ここからの店舗敷地への出入口ができたら、店舗にとっては価値ある土地なのです。今は更地状態です。「コンビニ店舗を建てる時、この土地の購入は考えませんでしたか?」とお尋ねしましたら、購入できないかと思ってここの地主さんのところに行ったそうですが、相手にしてもらえなかったということでした。それは5年以上前のことです。ずっと放置されて固定資産税を支払うだけの状態になっていますから、何とももったいないことです。ふと、今なら売られる可能性があるかなと思いました。

店舗の前面道路は幅員13・5mです。片側1車線の2車線道路の国道ですが、ここは旧幹線道路で、特に夏場は行楽に行く車で渋滞になるところと聞きました。この物件の前に信号機があって、店舗には車でも入りにくいことはないのですが、敷地に余裕がありませんから、女性ドライバーに好まれるタイプの駐車場にはなっていません。それでも加点するなら、角地ですから横の市道側に出ることもできる点です。賃貸借契約書を見せていただいたら、建築協力金の残高引継ぎだけでなく、敷金１０００万円が売主さんに預けられていることがわかり、これは決済時に売買代金と相殺することになる旨が確認できました。そうしますと、その分決済時には自己資金の手当ての必要がなくなります。これは買いやすくなります。路線価評価は７２００万円　実勢価額は、路線価の１・２倍と見ました。そうしますと８６４０万円になります。建物は、当初建築協力金が３２５０万円入っていましたので、その分が建物の新築価額としますと２５００万円にはなります。合計１・１億円以上の価値がある訳ですから、悪い買い物ではありません。固定資産税評価額は土地が５６００万円・建物が１１００万円です。税額は合計で、80万１０００円です。固定資産税額から見た賃料の妥当性はあります。でも、私にはコンビニが退去した後の賃料は良くて50万円と思えました。そうしますと、退去されることは大きなリスクになります。出口を考えますと、建売業者さんに土地を売却できます。その時の価額は、更地で８０００万円ぐらいかと見ました。この物件に興味を示されたのは野上さんです。野上さんはこれまで10棟ほどマンションを購入されてきましたが、店舗は初めてという方です。

私があまりに店舗がいいというものですから、それなら自分もと思って、いい店舗が売りに出たときは紹介してほしいと言われていた方です。野上さんにこの物件を紹介しましたら、一回見てきますすと、すぐに反応してくださいました。この方はいつも反応が早いですし、買う買わないの判断もすぐされる人です。打てば響くタイプの人なのです。現地を確認され、購入をしたいと思っておられますが、いくら融資が付くかがポイントとのことです。十分な自己資金はお持ちですが、融資はできるだけ多く使いたいと思われています。そこで銀行に融資の打診をしてみました。数日後回答があり、融資額は7000万円です。この融資額に野上さんは満足され、購入を決断されました。そんな時、この敷地の前を塞いでいたあの土地が売りに出ていることがわかったのです。こんな偶然もあるのかと思いました。そこで私は野上さんに是非ともこの土地も一緒に買った方がいいと提案しました。それはコンビニに長くテナントとして入居してもらうためです。それで賃料が増えなくとも、この物件価値を高めるためにも買う方がいいと判断しました。もっと言いますと、この土地が買えた場合にのみ、このコンビニ店舗を購入するのがいいと、私は野上さんにお話しました。野上さんもその話には納得され、そのようにしますとのお返事をいただきました。

早速、この仲介業者さんに、「この土地の購入をまとめてください。」とお願いしました。当初売値は１０００万円でしたが、９５０万円で売買することで話をつけてくださいました。このコンビニ店舗の価額ですが、９５０万円の追加出費になりますし、この土地をコンビニ用の駐車場出入り口や駐車場にすることが目的ですから、その後の工事金額も予算として見ておかないといけません。それらも考えた上で、不動産投資計画書を作成し、いろいろシミュレーションをしてみました。そして借入額からの返済額も考えた売買金額９０００万円で野上さんの意思も固まり、この金額で仲介業者さんに売買をまとめていただきました。これで単純に取得額を計算しますと９９５０万円です。利回りとしては下げることになった訳ですが、それはこのコンビニだけを購入するより、ベターな判断と野上さんとも共通した認識でした。売買金額の内訳は、土地が７０００万円・建物が税込み２０００万円を時価として合意に至りました。建物には建築協力金の残高２２００万円が加算されますので、帳簿価額は４２００万円となります。土地も追加の土地代金を含めて７９５０万円となります。最終的に融資額は５００万円増額され、借入を７５００万円、融資期間15年、金利は１・３％という融資条件でした。敷金の相殺分が１０００万円ありますから、自己資金額は２２００万円ほどになります。すべての段取りが整い、両者との売買契約をされました。融資特約は付けておられます。融資審査が無事完了し、予定通りの融資実行となり、同日に両者との決済を完了させることができました。物件の引渡しを受け、野上さんは休む間もなく、この仲介業者さんに依頼して、駐車場を増やす旨をコンビニ本社に伝えられました。コンビニ本社もそれはありがたい話ということになり、工事はコンビニ店舗を建築したこの仲介業者さんに任せることにされました。コンビニ本社との工事打合せの後、工事見積りを野上さんは受け取られました。約１５０万円です。これもすぐさま了解されました。その後役所協議で長引いたようですが、その工事も無事完了しました。残念ながら私はその完了後の姿を拝見していません。写真を見せていただいた感じでは、非常に良くなっていました。元々、国道側の間口は23ｍでしたが、土地の追加購入でその間口は42ｍになりました。コンビニを利用する方の車の出入はかなりしやすくなり、駐車場も2台増えて10台となり、駐車場の回転スペースも広くなって、利便性は高まりましたから売上も伸びているのではないかと思います。「お勧め店舗」の完成です。賃料は上がりませんでしたが、コンビニ店舗に長く入居していただけることを期待しています。

野上さんにはその後も数店舗紹介し、一緒に飛行機で飛び、現地まではレンタカーで見に行くということを何度も繰り返してきました。その中で気に入られたものだけを購入されています。野上さんの行動力は大したものです。非常に熱心な方ですから、私も何とかお力にならせていただこうと思ってしまします。私の飛行機チケットを用意してまで、見に行こうとされます。その行動力にはお見それしします。お勧め物件がない中でも、野上さんには物件を紹介したくなってしまうほどです。これぐらいの意気込みのある方が情報を得やすいということかもしれません。

Episode.6

東北圏の例外店舗

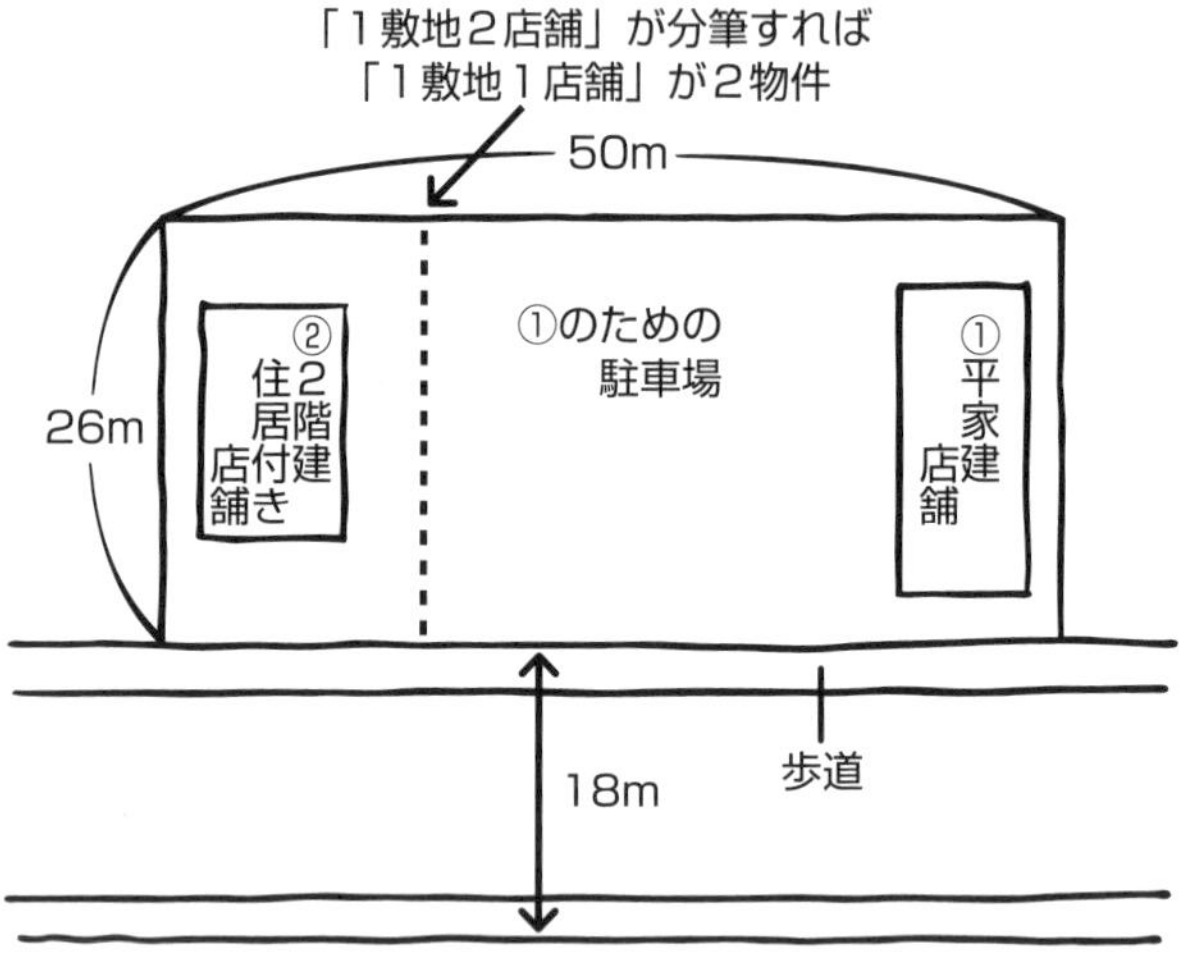

ここで紹介します店舗は、１敷地１テナントという私の定義から少し外れるところがあります。１敷地２テナントの物件です。どういう店舗かと言いますと、敷地の両端に建物が建っているのです。私が１敷地１テナントにこだわるのは、テナントが退去した後、次の展開をどうするかを考えたとき、仮に売却するとなると、売りにくくならないようにとの思いがあるからです。１建物に２テナント以上入居している場合にその問題が出てきます。この物件は考えようによって、例えば、土地を建物に合わせて分筆すると、１敷地１テナントの店舗が二つあると考えられますから、まだいいと思いました。

店舗の概要ですが、土地は１３００㎡（３９３坪）、道路幅員18ｍ・片側１車線の準幹線道路に面しています。間口約50ｍ・奥行き26ｍです。①の建物が木造平家建の店舗２３０㎡（約70坪）と、②の建物が木造２階建の住居付き店舗２００㎡（約60坪）です。価額は税込み４０００万円、①のテナントはスポーツクラブで、テナント賃料は月額税込み27万円、②のテナントは個人商店で、住居としても使われています。月額賃料は税込み10万円です。テナント賃料の合計額は税込み37万円、年間４４４万円になります。そうしますと、利回りは、４４４万円÷４０００万円＝11・１％です。利回り的にはいいですね。土地の路線価評価は約３９００万円、実勢価額は路線価の１・１倍と見て、４２９０万円です。建物はどちらも築30年以上経っていますので、評価はゼロです。固定資産税評価額を見ますと、土地が３６００万円、建物①が１２０万円、建物②が２００万円です。土地建物固定資産税額は50万円です。建物は古くなりますと、銀行は担保評価をゼロと見ています。でも、市役所は国の定めた評価の基準があることを盾に取って、時価には関係なく評価額を出して固定資産税を徴収します。そのため、市の財源が悪化している中、固定資産税を減らすことは市の命取りになります。そのため、どう見てもおかしいと思うような評価がまかり通っています。例えば、津波や洪水被害に遭った地域、あるいは遭いそうな地域では、土地を買う人が減少していきます。そうなりますと、時価はどんどん下がっていきますが、それに応じて下げることをしていない市役所も多くあります。不服があるなら、不服申し立てをして、それでも不服なら裁判でもしてくださいというスタンスです。固定資産税収を少なくすることにかなり抵抗があるように感じたことは、全国の市役所で何度もあります。そのため、売買価額が固定資産税評価額以下というのは、珍しいことではないという地域も数々見てきました。建物についても同じです。いくら古くても、あるいは使いものにならないような建物でも、評価額は築年数に応じて減額はされているのですが、あまりにもその減額スピードが遅くて、実態に合っていないと感じることがしばしばありました。

少し脱線しましたので話を戻します。賃料の合計額が37万円で、固定資産税額が50万円ですから、賃料は相場より低いようにも感じましたが、エリア的に賃料は下がっているようです。建物は古いですから、これから修繕費も掛かってきます。テナント退去となれば、それなりに修繕もしなくてはなりません。大規模修繕をするとなりますと、解体して新たな建物を建てて貸す方がいいと考えられます。その場合、採算ベースに乗ってくるかどうかわかりません。土地面積が400坪ありますので、建築協力金を出して借りてくれるテナントが見付かるかもしれません。しかし、2テナント同時に退去することはないでしょうから、それをするには1テナントが退去した後、次のテナントが退去するまで待たないといけません。それは合理的な判断とは言えません。そうしますと、出口を見ておかないといけません。

そんなことも考えながら、現地を確認することにしました。仲介業者さんに案内をお願いしました。私は東北エリアに行くのは初めてで、空港まで迎えに来ていただき、そこから現地へ車で行くのに約2時間掛かりました。その間、外の風景を楽しませていただきました。牧歌的と言いますか、日本の原風景を見ているように感じました。見渡す限り水田であったり、山あり渓谷ありで、何とものどかな感じです。遠いところに来たものです。私はその時、関西からこの地域で店舗を購入する人はいるかなと思いました。なぜなら関西人は東北旅行をする人は少ないですし、地縁・血縁のある人も少ないからです。関西人は旅行するのも、関西から見て東・北に向かうより、西・南に行く人が多いように感じます。それは、飛行機便の発着回数や運賃・鉄道網・車で行きやすい行楽地等からもわかります。私は滅多に関西で東北出身者にお会いすることがありませんから、居住している人も少ないと思います。そんなことを考えていますと現地に到着しました。途中テナント銀座と言えるような幹線道路を走ってきましたが、そこからは少し外れています。この準幹線道路には、店舗だけでなく住宅も建っています。交通量は幹線道路ほど多くはありません。

この物件は、間口が広く、車の出入りはしやすくなっています。個人商店の方には客は見えませんでしたが、スポーツクラブのほうは結構盛況でした。仲介業者さんに伺いますと、スポーツクラブはこのあたりにここしかなく、地元でも人気で駐車場が満車になることもよくあるということでした。そうしますと、ここが退去する可能性は低いと思えます。個人商店の方は賃料を減額して今の価額になっていることや、過去には何度か滞納があったということも教えていただけ、正直にお話してくださっていることに好感が持てました。仲介業者さんにもよりますが、売却するのに不都合なことは言わない、あるいは不都合なことは契約直前に言うということを平気でされる人がいます。そのため最終的に契約をしないとなりますと、それまでしてきたことが無駄になります。買主にとって不都合なことや、悪い点も、いいことと同じくらい先に言ってもらいたいといつも思っています。ですから、私は必ず不都合になると思うことは確認するようにして、本当のことを言っておられるかを表情や言葉の加減から判断しています。嘘を言っていると感じたときは、それ以降のお付き合いをすることはないようにしています。仲介業者さんは、私が大阪から来るというのでびっくりされていました。これまで関西人と取引することはなかったようです。まして、現地の人が興味を示さないのに、私が興味を示していることを意外と思われたようです。そんな話をしながらも私の頭の中は高速回転をしていました。個人商店さんの経営がうまくいっていない可能性もあり、そうであるなら退去の可能性も出てくると思いました。この物件の出口を考えるなら、②は空室状態での現状売却か、更地売却、あるいは①のための駐車場に変更、仮に入居中の売却を考えるなら、関東圏で売却すれば、この地域出身者もたくさんおられるでしょうし、現地へは関西よりもずっと行きやすいですから心配ないと思えました。

この店舗が現地の人に売れにくかったのは、おそらく2店舗であることや、融資の問題です。私も融資には随分詳しくなりましたが、この店舗への融資額は低くならざるを得ないと感じました。銀行は物件の処分価額を想定して担保評価します。処分が難しくなると評価は低くなります。2店舗同時に買うことが売却条件ですから、そのこともわかって買ってくれる顧客を探す必要があります。私はこの物件を、「お勧め店舗」と判断しました。不動産投資計画書を作成して検討を重ねました。諸費用込みの自己資金額が1000万円とした場合、融資額は3300万円あれば十分です。融資期間15年とすると、この時のキャッシュフローは年間120万円ほどになりますから、悪くはありません。しかし、銀行の融資額を確認しますと2400万円でした。そうしますと、残り900万円分は別担保を提供して融資を受けるか、自己資金額を増やすかのどちらかになります。この店舗の紹介を3名の顧客に行いましたが、東北エリアにあるということだけで、馴染みがない、行きにくいと、物件の内容まで検討してもらえませんでした。それも予想できたことです。これを検討してくれるのは、この人しかいないと思いついて、最後に紹介したのが星野さんでした。星野さんは別店舗を購入されたばかりでしたから、星野さんが購入されない場合は自分で購入しようと思っていました。星野さんは出口の見える物件を好まれる人でしたから、私の考えた出口までのストーリーを説明しました。そのストーリーを頭に入れて、現地を見に行ってくださいました。私の話を思い出しながら現地確認をされたそうです。私と考え方が一致し、この物件を購入してくださることになりました。私はこれまで利回りは税込みで計算してきましたが、実際にはそれだけでなく、税抜きでも計算しますし、諸費用込みでも計算します。見方は一つではありません。いろんな角度から見ますし、数字的にもいろんな計算から出た数値を比較して、良し悪しを判断しています。

星野さんは、消費税の課税業者になりますので、すべて税抜きで計算されています。②の住居付き店舗の賃料が、賃貸借契約上月額税込み10万円となっていますので、消費税の処理をどうすればいいかという質問がありました。それは税理士さんに確認してもらいたいことですが、一つの考え方として、住居面積と店舗面積の割合で賃料を按分するのが合理的かと思いますと、答えておきました。住居部分は非課税で、店舗部分は課税ですから、税込み表示されると課税事業者なら困りますね。そのためにも、住居付店舗の賃貸借契約をするときは、はっきり分けることをお勧めします。また、建物が2棟あるときの売買契約では、それぞれの建物価額を記載する方がいいです。なぜなら、同じ時期に建った建物ならいいのですが、時期が異なるときは減価償却の年数が異なるからです。今回の場合は、ともに築30年以上ですから償却年数は同じになります。しかし、別々に売却する場合、売却損益の計算上、最初から分けて帳簿計上しておく方が、後々都合がいいのです。土地は面積按分すればいいでしょうから、これは分ける必要ありません。この売買契約時には、土地は分けようにも分けようがないのです。なぜなら分筆ラインが決まっていないからです。そこで、今回の売買契約では、土地は一体で、建物は2棟に分けて評価し、売買契約をされました。融資については、現金もお持ちなのですが、３３００万円借入できるなら、それでもキャッシュフローが十分回るということで、追加担保を提供して借入をされることになりました。私は追加担保を入れて融資を受けることに、どちらかと言えば否定的な面があります。なぜなら、銀行はいったん担保に取りますと、借入残高が減って追加担保の必要性がなくなったとしても、それを外してくれない場合があるからです。それに追加担保として出した不動産を売却する場合も面倒です。購入不動産だけを担保として融資を受け、足らない部分は自己資金とするのが原則と思っています。ここは考え方の問題です。資金調達は購入者自身の問題ですから、私の経験上のアドバイスとして、聞いていただければと思います。

星野さんにこの店舗を購入していただいてから、2年が経過しました。そんな時、星野さんから個人商店さんが退去されたという電話がありました。星野さんは、いったんは新たな入居者付けを考えられましたが、賃料は思いのほか低い金額になりそうで、それに修繕費も掛かります。解体して駐車場にした場合、スポーツクラブさんに借りる意思があるかも打診されましたが、今は現状でいいということでした。それなら売却するのが賢明と思われ、土地を建物に合わせて分筆し売却に出されました。それから3か月もしないうちに、地元の人で自己使用を目的に買いたいという人が現れ、その人に売却されたようです。やはり追加担保を外すのに思いのほか時間が掛かったと言われていました。一部繰上返済になりますので、銀行も担保の再評価をしないといけませんから手間が掛かるのです。これまでの銀行との付き合いで、全額返済してくださいとは言われなかったようですが、そう言われることもあります。星野さんはスポーツクラブの店舗のみを担保とする借入額を残し、残額を返済されました。元々スポーツクラブだけの方がいいと思われていたらしく、また追加担保もはずれ、気持ちもすっきりされたそうです。

以上、ここでは6物件の店舗を紹介させていただきました。私は価額的にも1億円以下の店舗を中心に扱ってきました。リスクを考えますと大手テナント（メジャーブランド）の店舗は魅力的ですが、価額は1億円以上のものが大半です。買える人がいても、利回りは低めですし、価額に見合う価値が私の目線に合わず、「お勧め店舗」となったものは少数です。ここに掲載しました店舗は実際に取引をしたものばかりです。この中の店舗なら買ってもいいと思われた方もいるのではないでしょうか？

これ以外にも参考にしていただきたい店舗はまだまだありましたが、紙面の都合上、紹介しきれませんでした。その中には、今回エリア的になかった信越地方や中国地方、九州地方の店舗もありますし、面白いエピソードのあった店舗もありました。ご紹介できなかったことが残念に思われます。

さて、次章が最終章になります。第四章では、質問に私が答えるという形式で、読者の皆さんも質問したいであろうなということについて回答していきます。

第三章のまとめ

1. ①店舗の売上がわかればベストだが、わからなくとも客入りは自分で確認する。
②固定資産税額と月額賃料が同等額であるのが理想的。

2. ①地方都市のコンビニ店舗は駐車場の広さで退去リスクを計る。
②次のテナントイメージのできることが1つのポイント。
③関西圏では敷金等の引継ぎがなく、買主は返済債務のみを引き継ぐ内容で売買契約なされるのが慣習になっている。
④関西圏で「お勧め店舗」を探すのは難しい状況にある。

3. ①店舗を貸すときは、「スケルトン渡しのスケルトン返し」がよい。
②投資目的の人には、テナントが入居中でないと融資は難しい。
③素早い行動がチャンスを掴む秘訣。

4. ①店舗の歴史を登記事項証明書から探ることも大事。
②退去の疑わしい店舗を購入するときは、出口をしっかり考えておくこと。
③売却条件の見直しの目安は、売り出しから3か月経過後。

5. ①コンビニは女性ドライバーに好まれる広さの駐車場が必要。
②物件価値を高めるため、あるいはテナントに長く入居してもらうために、利回りが低くなろうとも追加投資は行う。
③熱い行動力が人を動かす。

6. ①固定資産税評価額が時価よりも高い物件もある。
②1敷地2テナントの時は、特に出口がカギとなる。
③不都合な点は先に聞き出すことが大事。
④利回りは、税込み・税抜き・諸費用込みでも計算して検討する。

第四章

店舗購入・所有の仕方とリスクに備えて

本章では、店舗投資を行うに当たり、店舗投資未経験者がよく心配されるリスクについて述べてみたいと思います。店舗投資をしたくても、なかなか踏み出せないという人も多いのではないかと思います。そこにはどんなリスクがありますか？　それに対してどのように対処すべきですか？　店舗投資は楽して儲かるものですか？　等々、日常そういった質問を受けることがよくありますので、それらについて私なりに回答させていただきます。

世の中にはリスクを考えずに運よく成功した人もいます。反対にリスクを考え過ぎて前に進めない人もいます。リスクをきちんと把握して対処の仕方も知った上で店舗投資を行うのがいいのです。この単純明快なことが簡単にできないところに難しさや落とし穴があるということです。店舗投資もビジネスと同じで、リスクは決してなくなる訳ではありませんが、小さくするように持っていくことはできます。「虎穴に入らずんば虎子を得ず」のことわざもありますが、欲を出さなければ、虎穴に入る必要は全くありません。欲を出すと、入ってしまうということはあり得ます。入ってもうまく対処する知識や知恵があればリスクをカバーできるのですが、そうでないときは後悔することになります。店舗投資に対するリスクに対する期待値が高ければ高いほど、リスクに出会う確率も高くなる傾向にあるのです。そうい得てして、利回りの高い物件ほどリスクも高くなると見ておくべきかと思います。そういう観点から言いますと、購入者のレベルによっては利回りが高くても買ってはいけない物件もありますし、利回りが多少低くてもお勧めしたくなる物件もあるということです。

≪鶴見さんとの会話≫

鶴見さんは、これまでマンション・アパートへの投資経験をお持ちですが、未経験の店舗への投資に興味をお持ちの女性です。この人に店舗投資の仕方を教授していく中で、いろんな質問がありました。これらの質問は店舗投資の初心者の方に共通する質問でもあると思いますので、その時の会話を通じて、リスクを学んでいただければと思います。

鶴見：和合さんはお客さんに店舗をお勧めしておられますが、店舗についてのリスクを全く知りませんので、教えてください。頓珍漢な質問をするかもしれませんが、ご勘弁くださいね。

和合：頓珍漢でもいいですから、わからないことはどんどん聞いてください。

（質問1　店舗の融資期間）

鶴見：マンション投資では、建物が鉄筋コンクリート造の場合、新築時の法定耐用年数が47年ですから、中古物件であっても築年数が17年以内ですと30年融資を受けることができますね。利回りが8％台であっても、フルローンでもキャッシュフローが回るケースがありました。店舗は木造か、軽量鉄骨造、鉄骨造がほとんどと聞いていますが、長期融資は可能なのでしょうか？

和合：金融機関によって異なるところもありますので、一般論としてお聞きください。店舗の場合、融資期間は最長で20年、通常15年を想定しています。店舗融資はマンションと違って、事業系融資に分類されますので20年超の融資をしてくれる金融機関は少ないと思います。テナントとの賃貸借期間によって、融資期間が短縮されたケースもありました。あまり短縮されて、例えば10年未満の融資になりますと、キャッシュフローを回すのに、自己資金を半分以上用意しないと回らないということもあります。理由はともあれ、15年以上の融資をしてくれる金融機関とお付き合いする方がいいと思います。

（質問2　自己資金の少ない人の場合）

鶴見：15年でも短いような気もしますが、ある程度のキャッシュフローを得ようとしますと、自己資金の少ない人は店舗を購入できないということになりますか？

和合：基本的にはそういうことになります。マンション投資であっても、自己資金2000万円ぐらいご用意できない人には、私はお勧めしません。本格的に店舗に投資をするのでしたら、自己資金は1億円ぐらいあった方がいいのですが、それでは投資をしたくともできない人の方が圧倒的に多くなります。少なくとも3000万円ぐらいあった方がいいというのが本音のところです。店舗によってはフルローンで購入できるケースもありましたが、これは一定レベルの知識のある人、あるいはどのようなケースになってもデフォルトしない余力のある人ならそれも可能です。フルローン融資を使える人は、銀行がその人の与信（信用度）を高く見ているからで、金融資産の少ない人には、店舗価値が高くともフルローン融資をしてくれることはありません。ただし、担保になる別不動産をお持ちの場合は、それを提供することで融資をしてくれることもあります。

（質問3　テナント退去リスク）

鶴見：1敷地1テナントの店舗をお勧めされていますが、もし、そのテナントが退去した場合のリスクをどう考えればいいのでしょうか？

和合：テナントの退去は、いつかあると思っています。それが購入してすぐなのか、5年後なのか、10年後なのか、20年後なのかという違いだけかなと思うのです。退去のあることを前提で考えるのがいいでしょう。退去があった時、次のテナント募集をして、早く入居申し込みのあるような立地かどうかを考えて物件を探すようにしています。でも現実的にはそのような店舗は少なく、あっても利回りが低いということになります。リスクの低いものは、価額が高いものだと思っておいて間違いありません。

時に、退去後は次のテナント募集をしないことを前提で購入をお勧めすることもあります。そのケースは、実需で売れると判断しています。建物が古い場合、解体して更地にして売却することをお勧めすることもあります。売却をする場合、解体費や更地価額の時価を事前に調べて、何年所有すれば損をしないかという計算を先にしています。建物は、減価償却していきますので、簿価は年々下がります。そこを重視していることもあります。例えば、築25年経過の木造平家建店舗を購入したとします。土地価額は3000万円、建物価額は1000万円としますと、この建物は4年で償却することができますので、4年後の簿価は土地価額の3000万円ということになります。解体費が200万円、売却するとき、仲介手数料も考え、3400万円以上で売れれば、損をしないと先に計算できれば、4年間入居してくれるかどうかを見るのです。最低限その間のリスクを考えればいいのです。退去するかどうかはテナントが決めることですから、確信は持てません。ですから私の場合、商売がうまくいっているなら退去はないと単純に考えています。当然のことですが、テナント退去があった場合、融資を受けているなら、毎月の返済は賃料が入らなくても滞りなくしないといけません。仮にその返済額が毎月30万円として、賃料35万円あった時は返済はできていたけど、賃料が止まった途端に返済できなくなるような人には、最初から銀行も融資はしないものです。銀行はそこを見ているのです。購入した店舗の賃料が入らなくても、返済ができる人が購入対象者なのです。逆に鶴見さんにお聞きしますが、テナントの退去が何年先ならいいと思えますか？

鶴見：それはできるだけ長く借りてくださる方がいいです。できれば10年以上を希望します。

和合：では、仮に12年後に退去したとします。それならいいという理由は何ですか？

鶴見：借入金で購入することを前提としていますから、残債の返済できる目途が見えてきたら一応安心感はあります。15年返済を考えれば、あと3年になりますから、何とか手許現金で残債を返済しきってしまえば、安心感が出てきます。

和合：それはすなわち、債務があるから心配ということですね。

鶴見：そうです。返済をしたくともできない状況になるのが怖いのです。

和合：残債を一度に返せなくとも、毎月の返済が30万円なら、それ以上の収入を別の物件で用意できれば心配はありません。そのためにも複数店舗の所有をお勧めしています。一棟物のマンションであっても、戸数が多ければ退去は数か月に一度の割合であるでしょう。それでも安心感があるのは、例えば、20室あるマンションでは、返済額を考えますと

8室まで空いても返済に困らないということがわかっているからではないでしょうか？　店舗も同じように考えますと、1店舗だけ所有するよりは複数店舗を所有する方が、返済リスクを考えますと安心感があるということです。

購入後、短期間でテナントが退去しないとの保証はありません。次のテナントの見込みの立つ物件であればいいのですが、この見極めは簡単ではありません。建物の仕様が特殊で、汎用性がない場合は特に難しくなります。その場合は思い切って建物を解体し、次のテナントの希望通りの店舗をリースバック方式で貸すのがいいと思います。複数所有するのであれば、いろんなタイプの店舗の所有をお勧めします。

（質問4　テナントの見付け方）

鶴見：退去後、次のテナントを見付ける方法を教えてください。

和合：テナントの探し方は、一般的にはその店舗のある地元の不動産業者さんに仲介依頼します。ただし、テナント仲介に慣れていないところにお願いしても決まらないでしょうから、テナント仲介の実績を確認する必要があります。あるいは、インターネットにもテナント自らが店舗募集しているところも多々ありますので、ご自身でそれを調べて、自ら直接資料を送って出店の検討依頼をするという方法もあります。インターネットで調べれば、テナント仲介を専門にしている業者さんもありますから、そこにコンタクトして仲介を依頼するのもいいと思います。要は、自らがテナント募集にどれだけ積極的に関われるかがポイントになります。

(質問5　地震・津波リスク)

鶴見：地震や津波へのリスクはどう考えればいいでしょうか？

和合：地震や津波は店舗でなくても、不動産投資のリスクになります。マンションやアパートですと、地震保険に加入することができますが、一般的に単独店舗は加入できません。加入できるケースもありますがかなり保険料は高くなります。地震保険は火災保険で設定した金額の半分しかカバーできません。例えば、5階建てのマンションに地震保険を掛ける場合、火災保険の保険金額を1億円としますと、地震保険は5000万円ということになります。地震の被害が本当にあった場合、5000万円では全額カバーができません。地震が起きた場合のリスクは、階数の多い建物ほどそのリスクは高いと考えています。ですが、店舗は通常平家建てか、2階建てまでを想定していますので、地震があっても倒壊するリスクは少ないと思っています。私の場合、地震保険に入っていません。その必要性をあまり感じていないのです。それに店舗の建物は、物件価額に占める割合を見ればわかりますが、土地代の比重が高く、建物の比重は低くなっています。すなわち、仮に地震で被害を受けたとしても、マンションと比較して、被害額は少なくなると考えています。それに店舗を所有する場合、私は全国に分散して所有することをお勧めしていますので、日本全土を襲うような地震がない限り、範囲の大小はあっても地域限定になりますから、すべての店舗が地震に見舞われるということも考えにくいことです。地域分散所有がリスクを軽減することになると思っています。津波は海岸沿いでなければ心配はない訳ですから、内陸部で持つ店舗と海岸沿いに持つ店舗のバランスを考えればいいのです。1店舗だけの所有で、海岸沿いはリスクが高いと思うのであれば避ければいいだけです。でも、私は海岸沿いであっても、津波のリスクだけを考えていい物件を見送るということはしません。そこはご自身がどれだけ資金的に余力があるかで検討すればいいことだと思います。マンションを中心に複数棟所有されている不動産投資家の場合、自らの居住エリアで所有するというのが一般的です。遠方でマンションを持たない人が多いのは、管理に目が行き届かないためですね。そのため、所有物件が一定地域に固まります。もし、そこで大地震が起きたとしますと、こちらのリスクは相当高いと思うのです。私はマンション物件を所有していません。その理由の一つに地震リスクを考えているからでもあります。でも、地震リスクを考え過ぎますと、不動産投資はしない方がいいという結論になってしまいます。私は賃料を得ることでの生活設計を立てていますから、不動産投資をしないという選択はないのです。常に不動産投資をする前提のリスク軽減をどうするかを考えています。

(質問6　和合実の自己資金)

鶴見：15年融資を使ってキャッシュフローを回し、しかも複数の店舗を所有するとなりますと、かなりの自己資金が必要になりますね。和合さんは複数の店舗を購入されたと聞きましたが、どれほどの自己資金を持って、いつから始められたのですか？

和合：それは非常にお答えしづらい質問です。私の懐具合を探るような質問ですね。私が初めて銀行融資を利用して店舗の購入ができたのは、本格的に不動産投資を始めてから10年以上掛かりました。拙著『出口からみる収益不動産投資』(2007年3月初版)で、和合実の最終形は店舗であると書きました。この時から計算しましても6年半掛かっています。店舗を購入するために貯蓄もしていました。資産形成はそのためと言っても過言ではありません。有言実行で、いつか必ず店舗を購入しようと思い続けてきたのです。そのチャンスが3年ほど前に訪れ、最初に購入した店舗には3000万円を用意しました。

鶴見：最初の店舗を購入されてから、約3年間で複数の店舗の購入に踏み切られた理由をお聞かせください。それに必要な自己資金額は、私にはかなりの金額であるとしか想像できません。

和合：そこには一つの「目論見」があります。銀行が店舗に対して担保評価を低めに見積もるのは、返済不能となった場合、処分価額でも融資回収できるようにと考えてのことです。店舗は流通性がマンションに比べ低いので、当然のことかと思います。マンション投資では複数部屋があるので賃料を返済原資として融資してくれる訳です。そうであれば、店舗も複数所有することでこの原理になるのではないかと思ったのです。そうなるようにしようと購入したということです。自己資金は所有していたマンション・アパートをすべて売却して作りました。売却したのは、自己資金作りのためだけではありません。私はそれらを持ち堪える自信がなかったのです。時代も変わり、人口減少が鮮明になりつつあります。住居に関しては、借り手の方が貸し手より強い立場になってきていますね。入居者には賃貸マンションが選び放題にあります。需要よりも供給の方が断然多くなって、マンション・アパートが溢れています。そのような状況下では今後ますます満室を維持することが難しくなります。将来いずれの日にか、建物は古くなると売れなくなるかもしれません。その時、入居者がいれば解体することもできません。自問自答してみました。すべての入居者が退去するのを待っていられるか？　数件だけ入居しているマンションの維持費は賄えるのか？　解体するにしても鉄筋コンクリートのマンションなら解体費が数千万円掛かることも予想できます。その費用は賄えるのか？　借金返済はその時完了しているか？　借金がなくとも解体費という隠れた借金があるということです。自分が亡くなって相続人はその状態を喜ぶか？　また、その処理をし切れるか？　等々を考えますと、すべての答えはＮＯとなります。私にはプラス思考の答えが出てこなかったのです。そうであるなら、今のうちに売却しておこうと思って実行したのです。鶴見さんはこの質問に対してＹＥＳと答えられますか？

（質問７　複数店舗の所有の可否）

鶴見：私もＮＯです。それを真剣に考えると怖い気もします。でもいつかその問題は我が身に降りかかってくる訳ですから、それまでに所有するマンションの売却を考えることにします。和合さんに質問されると答えに窮しますから、私の質問に戻りますね。店舗を数多く所有するためには借入額も大きくなります。それは誰にでもできることなのでしょうか？

和合：誰でもできるとは思っていません。私はこれまでの不動産投資の実績や不動産投資に対する考え方、私の目指す不動産所有の最終形が店舗であり、複数棟所有することでのリスク分散や、収入（所得）がいくらになれば購入をストップするかも事前に銀行とよく話をし、それらのことを理解してもらって融資を受けられるようになったのです。ですから、実は自己資金を思われているほど使っていないのです。すなわち、物件価額に対する融資率は高くなっています。その分、キャッシュフローが良いとは言えません。マイナスにならないようにだけはしています。ほとんど15年で融資を組んでいます。そのため、返済スピードの速さを実感しています。マンション投資の時は短くても20年、最長30年ローンを組んでいましたので、5年経過後も借金が減っているという実感がありませんでした。店舗借入を始めてまだ3年ですが、今は年々減少する借入残高を見るのが楽しくなってきました。

鶴見：私に融資してくれる銀行があるのかどうかさえわかりませんから、まして複数の店舗を購入したくても簡単ではないと思うのですが、いくつの店舗を購入することを目標にすればいいのでしょうか？

和合：まず1店舗購入してから考えるのがいいと思います。店舗を所有するのに自分は向いているのかどうかの見極めが大事です。マンション投資で数千万円以上の所得のある人でも、店舗は自分には向かないと思っている人もいます。マンション投資で成功しているのでしたら、無理に店舗投資をする必要性は感じられないと思います。先ほど所有リスクの話をしましたが、自分の得意分野で勝負すればいいのです。私は実際に店舗を所有してみて店舗が自分には向いているということを確信しました。私は所有していたすべてのマンションを売却して店舗投資をしています。でも、私と同じようにすることをお勧めしている訳ではありません。仮に5棟マンションを所有しているのでしたら、自己資金を作るため、2棟か3棟売却して、その資金で買える範囲に止めておく方が無難かと思います。また、複数店舗を購入するにしても、店舗価額にもよります。3000万円ぐらいの店舗を3棟所有するのと、1億円の店舗を3棟所有するのとでは、融資の受けやすさも違いますし、求められる与信も異なります。では、鶴見さんにお尋ねします。銀行はどちらの方が融資をしやすいと思いますか?

鶴見：単純に考えれば融資額の小さい3000万円ぐらいの物件3棟だと思います。

和合：そう思われるのが普通だと思います。しかし、銀行の見方ではそうも言いきれないところがあります。なぜなら、1億円の店舗に出店できるテナントと、3000万円の店舗に出店するテナントでは、資金力や与信が異なるためです。当然物件価額が低ければそれに比例して賃料も低くなります。店舗賃料の高く出せるところは、大手のテナントさんになります。そのテナントの業績が良ければ、そのテナントの入っている店舗には融資をしやすいということになるのです。ですから、金額の大きい店舗物件を複数購入する方が融資を受けやすいということもあるのです。ただし、この場合購入者に求められる与信は相当高くなってきます。答えとしては、融資を受ける人の与信によって変わるというのが正解です。

鶴見：なるほど。そうしますと、一人一人の与信によって、目指すべき購入店舗の価額帯や店舗数も異なるということですね。

和合：その通りです。でも、目指すべき店舗賃料があると思っています。それは1店舗当たりということですが、あまり賃料の低い店舗は投資に向いているとは思いません。賃料の割に手間暇が掛かるとしたら、店舗を所有する意味が半減してしまいます。そのため、複数棟所有するのでしたら、一つの目安として月額20万円以上の賃料のある店舗がいいと思っています。それ以下でも、絶対ダメと言っている訳ではありません。試しに店舗を持ってみたいという人には、月額10万円以下でも面白いと思える物件もありました。また、最初から手持ち現金で購入される分には、テナント退去があっても返済に追われるということがありませんから、購入できる範囲で気に入ったものを購入すればいいのです。

（質問8　店舗価値の見分け方）

鶴見：店舗を購入するに当たって、どのように店舗価値を見分けたらいいかわからないのですが、何かポイントとなる点を教えてください。

和合：店舗を購入するに当たって、一番のポイントは立地条件です。何度も言ってきたことですが、今のテナントさんが退去した後も、次のテナントさんを短期間で誘致できる可能性を見ておくことが大事です。次のテナントが購入前からイメージできるかがポイントです。仮にその時はイメージできたとしても、実際にはなかなか決まらないということもあり得ます。それでもいいのです。次に空き店舗として、あるいは建物を解体して、更地売却するとしたらいくらで売れるかを予想しておくことも大事です。次のテナントの予想もできない、空き店舗や更地売却ではなかなか売れない、あるいは売れたとしても価額が低いと予想される場合、購入しないという判断が出てきます。

また、購入前に今のテナントさんの商売がうまくいっているのか、経営状態を予測してください。売主さんに聞くだけでなく、自分で店舗の客入りがどうかをチェックする必要があります。テナント賃料の妥当性もチェックポイントです。周辺相場よりも低ければ退去の可能性も少なく、あるいは次のテナントを誘致するにもしやすくなりますし、次のテナント募集時には賃料を上げることもできます。それは資産価値を上げることにも繋がります。反対に現行賃料が割高な場合、テナントさんから将来賃料の値下げ交渉が入ることも予想できますし、それに応じないとなると退去の可能性も出てきます。結果、次のテナントさんへの賃料は下げざるを得なくなりますので、資産価値を下げることになっていきます。現在だけの状況を見るのではなく、将来の状況を予測して購入することをお勧めします。

鶴見：なるほど。でも、そのような判断をすることは正直私のような素人には難しいことです。和合さんのような店舗をよく知る不動産業者さんに判断をお任せするしかありませんか？

和合：判断を任せるのでなく、判断を聞いて自分なりに確かめて、自ら判断すべきです。私は私なりの判断をして店舗購入のお世話をさせていただいていますが、最終的に買う買わないの判断は、購入者ご自身が決めるべきことです。私の場合、顧客にお勧めして購入されなかった店舗を買ってきました。購入しなければ良かったと思った店舗はありません。そうかと言って、すべてのお勧め店舗を購入できるほどの資金もありませんし、私の目指す店舗の購入価額帯と、顧客の求める店舗の購入価額帯も違うこともありますから、いいと思っても見送ることもあります。買う自由もあれば、買わない自由もあります。すべては自己責任ということです。

鶴見：よくわかりました。買うには買うなりの覚悟が必要ということですね。店舗は立地というお言葉がありました。立地さえ良ければ購入検討するに値する店舗と解釈しましたが、それでいいですか？

和合：その解釈でいいと思います。次に見るのは、その店舗の敷地面積や形状です。ロードサイド店舗は駐車場の確保が十分でないと、特に大手のテナント誘致は難しくなります。例えば、コンビニ店舗を例に挙げますと、トラックが止められるかどうかで売上を大きく左右する場合もあります。大都市では大きな敷地を確保すること自体難しいことですが、地方都市や大都市でも郊外型店舗は、一定台数以上の駐車場の確保に加え、車の出し入れがしやすいかどうかも見逃せない点です。すべては売上を左右するポイントです。ついでに言いますと、コンビニの場合、タバコを扱っている店舗かどうかも見ておく必要があります。タバコを扱っていない店舗は将来閉店する可能性が高まってきています。そういうところも見逃してはいけないポイントです。

（質問９　店舗を見る目の養い方）

鶴見：テナントの売上まで予測することは、私にはできそうもありません。同じコンビニでも、流行っているかどうかを見極めるのは、簡単なことではありませんね。何か店舗を見る目を養う方法はありますか？

和合：店舗を見る目を養うには、購入検討する目線で実際に数多くの店舗を見ることが必要です。それ以外にも日常的に店舗に興味をもって、繁盛している店舗はなぜここは繁盛しているのかを、自分なりの答えを見付け出すトレーニングをすることをお勧めします。私は日常、どんな立地のどのような形状の敷地のコンビニがはやっているかとか、客入りの多いコンビニはどこが他店と違うのかを観察しています。自宅の近くで、業界NO．1のコンビニAとNO．2のコンビニBがあります。両方とも同じ路線にあって、しかも距離にして、300mほどしか離れていません。敷地面積はどちらも300坪ほどで、おそらく賃料もさほど変わらないと思われます。通常でしたら、業界NO．1のコンビニの方が日販（日々の売上）は高いのですが、ここは逆転していると思われるのです。よく見ていますと、両方ともトラックが止められるほどの敷地面積を確保していますが、敷地形状が異なります。コンビニAの敷地形状は、道路に面して、間口が広い（これはいい点です。）のですが、奥行きが狭く、店舗は敷地の端にあって、店舗の前には駐車スペースが2台しかなく、しかもそれは店舗と並行した駐車場で店舗前に垂直止めできないのです。レジからは他の駐車場にどれだけ車が止まっているか見えません。店舗の外に出ないと見えなくなっています。そのため、駐車場には多くの車が止まっているにもかかわらず、店舗の中には客がいないということをよく見掛けます。すなわち、敷地を運転者の休憩場所に使われたり、不法駐車されたりしているのです。一方、コンビニBの敷地形状は、間口はコンビニAほど広くはありませんが、入りやすさはほとんど変わりません。それにここは角地でもあります。敷地の奥行きはコンビニAよりも深いので店舗の前に6台の駐車場が垂直止めできます。レジから見えない駐車場部分もありますが、その部分はコンビニAより少ないのです。客の心理としては、店舗の前に止めたくなるものです。反対に客でないものは、店舗から離れた見えにくいところに駐車したくなるものです。そんなことも常にチェックしています。そうすることが店舗を見る目を養うことになるのです。

ちなみに、私は同じ商品を買うならコンビニBを使います。店主の接客態度がコンビニAよりコンビニBの方がいいからです。店主店員の接客態度でも売上は変わるものです。売上が立っている店舗ほど退店リスクは低いと思われますから、仮にこれらの店舗が売り物の場合、同価額で売られているなら間違いなく私はコンビニBを購入します。

鶴見：店舗はマンションに比べ、より「見る目」の必要性を感じさせられました。和合さんはその「見る目」をどれくらいの期間で養われたのですか？

和合：店舗に興味を持ったのが17年以上前ですし、その頃から繁盛している店舗の立地条件を観察していました。真剣には店舗を専門に扱っていこうと思った3年半前ごろより、日本国中、どこであっても興味を持った店舗は見に行きました。現地を見ることで、物件概要書では見えない部分も見えてきて、思っていたより良かった店舗もあれば、反対に悪いと感じる店舗もありました。それは見ることによってわかることですから、見ずして最終判断はできません。年間50店舗ほど現地確認しています。そのうち、「お勧め店舗」と思うのは、15店舗ぐらいです。約30％です。物件概要書だけなら、空き店舗も含めて年間1000件は見ています。その中から「お勧め店舗」が見付かる確率は2％以下ということになります。また、成約に至るのは年間12店舗ほどになっています。すなわち、和合実が「お勧め店舗」と判断した店舗の80％は、顧客に購入していただいているか、自らが購入しているということです。

（質問10　購入の判断スピード）

鶴見：それだけ、「お勧め店舗」の数が少ないとなると、「お勧め店舗」が出たときに買う判断のスピードが求められますね。

和合：そのとおりです。ですから、店舗を購入したい人は事前に買うための準備をしておく必要があります。すなわち、資金準備と融資を受けられるかどうかの確認です。いい店舗が出てきてからその準備をするのでは遅いと感じます。短期間に数多くの店舗を扱ってきた経験で、店舗の概要と融資審査に必要とされる書類があれば、どれぐらいの融資が付くか、大体わかるようになってきました。ですから、購入するにはどれほどの自己資金が必要かを先にはじき出して、買える顧客はどれだけいるかもチェックしています。自己資金の額によって買える物件が決まってきますから、自己資金の少ない人には、少なくても買える物件しか紹介しません。

（質問11　買える店舗とは）

鶴見：仮に私は自己資金が３０００万円ですと言いましたら、その自己資金と融資を使って買える範囲の店舗の中から買う店舗を探すということですね。

和合：その通りです。資金的に不足する店舗に興味を持っても買うことはできません。店舗を購入するには、店舗に投入可能な自己資金額を把握しておく必要があるのです。自己資金だけで店舗を購入する人は例外ですが、融資前提の人が店舗を購入するには、融資を受けられることが必須条件となります。そこを事前に確認しておかないと、仮に融資条件を付けて売買契約をしても、買主の属性で融資不可となっては契約をする意味がありません。自己資金があっても、融資を受けられるとは限らないのです。

（質問12　融資条件付き売買契約の意味）

鶴見：売買契約で融資条件を付ける理由は、属性を測るためではないのですか？

和合：もちろんそれもありますが、店舗は融資基準が厳しいということを何度も申し上げてきました。融資を受けられないのに、融資特約を付けて売買契約をするのは、売主や仲介業者に迷惑を掛けることになります。融資特約は、融資を受けられる人が売買店舗の審査のために付けるものと私は考えています。

鶴見：売買対象の店舗が融資基準を満たさないために融資が受けられなかったということを和合さんは経験されているのでしょうか？

（和合実の実体験1）

和合：はい、経験しています。それも私のケースで経験しました。売主さんは法人でした。その法人の経営が芳しくなく、債務整理をするため、店舗を売却するように融資銀行から言われて売却を決意されたとのことでした。そのため、売却額は売り急ぎもあって相場より安いと思いました。私は融資担当者にこの店舗を購入することを事前に相談し、机上審査の段階で希望通りの融資が可能だろうと聞いていました。通常、銀行員は融資稟議が最終決裁されるまで融資の確約をしてはいけないルールになっていますから、事前に「絶対融資は大丈夫です。」と言ってくれることはありません。でも、多くの融資稟議を作成しているので、担当者も事前に融資決裁が下りるかどうか、わかってくるものなのです。担当者と懇意になりますと、「おそらく大丈夫と思います。」ぐらいのことは聞き出すことができます。私の場合、売買契約をして融資不可になったことは一度もありませんでした。しかし、今回もいつものように融資特約を付けて売買契約をし、手付金として500万円を売主さんに支払いました。融資特約の期限の寸前に、銀行から「今回は融資決裁がおりませんでした。」と連絡があったのです。私は銀行に事情を聞くため、飛んで行きました。実はこの売買契約後すぐに、私の窓口であった担当者が人事異動で担当替えとなったのです。次の担当者は引き継いで稟議をしていましたから、私にはそこに問題があったのではないかという気持ちもありました。次の担当者はとても申し訳なく思っていることが、ひしひしと伝わってきました。稟議の否決理由は、店舗のテナントさんにあったように教えてくれました。テナントの経営状況まで調べてくれていたのです。このテナントが退去した場合のことも当然考えてはいましたが、銀行はテナント退去の可能性の高いことや、店舗が特殊な建物であるため汎用性のないことが否決になった理由だったのです。私が購入して困ることのないようにとの配慮があると、担当者から聞かされました。私は銀行融資に際して、「こういう判断もあるのか」と思ったほどです。後日になりますが、そこまで考えてくれていたことに対して、非常にありがたいことだと思いました。でも、この時は目先の売買契約を解除しないといけません。融資特約付きで契約をしていますから、融資が受けられないということで白紙解除になるのですが、仲介業者さんには申し訳ない結果になったとお詫びしました。私の顧客の売買契約を含め、融資特約で契約解除した経験はありませんでしたから、まさか自分が行うとは思いもしませんでした。そんなことで、この店舗は買えませんでした。融資特約での契約解除となりますと、当然手付金の500万円は返金してもらうのですが、厄介なことに契約解除を伝えた数日前に、この売主さんが不渡りを出したと仲介業者さんから聞きました。2回目の不渡りが出ますと、銀行取引はできませんから、実質倒産したのと同じです。そうなりますと、私の手付金も一般債権となって、債権者集会に出て、店舗は競売にかかって破産管財人から、些少の分配金を受け取るという結末になるのです。そうなる前に手付金を返金してもらわないといけません。私は、これが顧客の契約でなくて良かったと思いました。手付金が返らないこともあり得ると思ったからです。でも、仲介業者さんに確認しますと、手付金はすでに銀行の別段預金（銀行が一時的な保管金として保管しておくためのもので、便宜的に設けられている銀行の内部勘定科目）として、処理してあると聞かされました。それはありがたいことですが、それを確認する術は私にはありません。ただその言葉を信じて待つしかなかったのです。4月の末ごろのことで、ちょうどそれは5月のゴールデンウイークを挟んでのことでした。銀行内部の処理に手間取ったのか、手付金が返ってきたのは5月11

日でした。私は最悪の場合も想定していましたから、ほっとしました。でも、待っているこの2週間は憂鬱な気分でしたが、これもいい経験になりました。ですから今後は債権整理のための売却物件には、なるべく手付金を入れないで契約できるように持っていこうと思いました。仲介業者さんにはご苦労を掛けた上、白紙解除となり、本当に申し訳ないこととなりました。

鶴見：和合さんにもそういうことがあったとは知りませんでした。でも、それは、今後の売買契約に関係される場合にも、お役に立つ貴重な経験でしょうね。

(和合実の実体験2)

和合：早速役に立った部分と、またも冷や汗ものの売買契約を、私は続けざまに経験することになりました。

鶴見：それはどのような契約ですか？

和合：先の店舗が融資特約で流れましたので、別の店舗を購入することにしたのです。問題が生じたのは代金決済当日（引渡日）の話です。この店舗を購入すると決めたとき、銀行の新任担当者にこの店舗について説明をし、融資をお願いしました。先の件があるので、ここが今後の融資の試金石になると思いました。この店舗も場合によっては融資不可になる可能性はゼロではないと慎重に考えました。私が買おうとしている「お勧め店舗」ですから、私がもし融資不可で買えない場合は、この店舗を購入してくれる顧客を探しておこうと思ったのです。ある顧客の顔が浮かびました。この人になら事情を説明すれば理解願えるだろうと思い、これまでの経緯を聞いていただきました。店舗の場所も飛行機を使っていかなければならない遠方の店舗でしたが、融資不可の場合は購入してくださることになりました。この方は現金でも決済できる人ですから、融資を受けるにしても問題のない人です。今回は、仲介業者さんや売主さんにご迷惑とならないように、そこまで準備して売買契約をしました。この店舗の売主さんも先と同じく、銀行さんから売却を迫られていたのです。債務整理のためというのが売却理由です。同じような店舗と続けざまに巡り合わせるのも何かの縁なのかなと思いました。この売買契約では、手付金をゼロにしていただきました。仲介業者さんにも先の事情を説明し、売主さんに了解を取ってもらったのです。今回は融資決裁が下りました。先の融資不可の本当の理由が、他にあるのではないかとの懸念もこれで払拭されました。お願いをした顧客にも融資が下りた旨を報告しました。「それはおめでとうございます。」と、素直に喜んでいただけました。決済場所は売主さん指定の銀行です。現地に前泊をして行きました。出発前に振込依頼書を銀行に預け、売主さんの口座へ決済日に振込みをできるように段取りしてきました。決済場所の銀行応接室で、司法書士に抵当権者の銀行の抹消書類を確認していただきました。2番抵当権者がいて、そこは県の保証協会でした。1番抵当の銀行担当者が、「2番抵当権者とは話がついているので、少し遅れるかもしれないが、抵当権の抹消書類をもって来られます。」と言われるものですから、県の保証協会なら問題ないかという思いや、遠方でもあり早く決済を済ませたいという気持ちもあって、決済代金の振込みを銀行に電話し、実行してもらったのです。しばらくして、売主さんの口座への着金確認が取れました。これで普通なら15分ほどで完了する手続も、2番抵当権者の抹消書類が1時間待っても届きません。事情を第一抵当権者の銀行担当者に確認しましたが要領を得ません。何か隠しているようです。2時間待ってもまだ届きません。私は、「これは事故になるかもしれない」と思いました。再度、事情説明をお願いしましたら、まだ2番抵当権者の県保証協会では、抵当権抹消の決裁が下りていないということでした。本日売買代金の決済をすることは1か月も前から決まっていたことです。にもかかわらず、決済当日まで決裁が下りていないということを信じられない思いで聞きました。でも、私にはどうすることもできません。売主さんにしても、県保証協会との話は銀行に任されていたようで、要領を得ません。また、県保証協会の窓口課長は抹消に関して同意していたようですが、本部がＯＫしないというようなことを当日になって聞かされたのです。決済代金の振込みは完了しているので、私は売主さんとその銀行に、売主さんの口座から銀行の別段預金に振り替えることを承諾してもらいました。それには銀行も応じざるを得ない状況でしたので、すぐに振り替えてくれました。それを書類で確認し、もし、本日中に抹消書類が届かない場合、明日まで待って決済を行う旨と、それにも間に合わないときは私の口座に返金をしてもらう約束をして、遅い昼食に出ることにしました。昼食中に県保証協会の抵当権抹消の決裁が下りたと連絡が入り、午後3時前から再度決済をすることになりました。県保証協会の担当者は「ご迷惑をお掛けしました。」と、平身低頭されていました。私はそれについては何も答えませんでした。もちろん、非難することもしませんし、淡々と決済手続を進めて無事完了させました。

鶴見：先の経験談にも驚きましたが今回もすごい経験ですね。でも、和合さんだから乗り切れたような気もします。私なら何をどうしていいかわからず、ただおどおどしていたと思います。

和合：私は運が味方してくれたと思っています。どちらのケースも金融事故になっていたかもしれないケースですから、この経験は、今後顧客が同じケースに陥らないようにするための経験だと思っています。

鶴見：不動産取引にはいろんな落とし穴があるということがわかりました。でも、それを防ぐ術は私にはないので、どこに気を付ければいいでしょうか？

和合：今回私が経験したケースは、異例中の異例だと思います。でも、絶対ないとは言えないということも確かです。そんな場面に遭遇しそうになった時は、すぐ弁護士に電話して対処の仕方を相談することも必要かと思います。

（質問13　店舗購入の判断要素）

鶴見：そのように教えていただいても、私には対処できないと思います。そういう場面に遭わないことを願うのみです。話は変わりますが、私は安心して所有できる店舗を購入したいと思います。そのためにはどうすればいいでしょうか？　和合さんの言われる「お勧め店舗」を購入するのがいいのでしょうか？

和合：私がお話している「お勧め店舗」というのは、必ずしも安心して所有できるものとは言えないところがあります。顧客の大半が利回りの高い店舗であったり、融資率の高い店舗であることを重視されています。そういう店舗にも安心を兼ね備えているケースはありますが、何も心配ないということではありません。店舗購入時の判断要素とは、①利回り、②融資率、③敷地形状、④敷地面積、⑤間口の広さ、⑥売価の妥当性、⑦賃料の妥当性、⑧交通量、⑨周辺人口、⑩テナントの質　等です。

今10項目提示しましたが、例えば、1項目につき10点として、100点満点で評価するのです。これらの項目すべてにおいて満足するような店舗はありません。そんな店舗が売りに出るはずがないと、思っておく方がいいでしょう。期待値（目線）が高ければ高いほど、購入の決断はできないものです。私が「お勧め店舗」と言っているのは、点数で言いますと75点以上ぐらいの感覚です。70点以上は検討するに値すると思います。80点以上と思えたときは、前向きに購入を検討していただき、そして結果的に購入していただいています。85点以上ですと購入を即決していただきました。ただし、ほとんどの場合、融資が前提となりますので、項目ごとの点数が同一ではありません。例えば、融資率は20点、利回り15点、売価の妥当性15点、これで50点です。残りの要素は合わせて50点です。重視したいところの要素に配点を多くして考えればいいと思います。100点満点の店舗に出会ったことは一度もありません。自分自身で評価して点数を付けることができるかどうかです。感覚的なものでいいので、自分で判断基準を持てるようになれば、買うことができるようになります。資力があっても買えないというのは、慎重過ぎるか、目線が高過ぎることが往々にしてあります。これはマンションやアパート投資も同じです。

（質問14　出口と判断要素の関係）

鶴見：和合さんは次のテナントであったり、出口のことも考えて判断すると言われていましたが、判断要素とそれらの関係をもう少し詳しく教えてください。

和合：点数の高い店舗と、テナントの退去リスクは必ずしも一致しません。なぜなら、利回りや融資率、売価の妥当性やテナントの質は、テナントが出店するかどうかの基準とは関係ないからです。これは出口を考えたときの要素になります。残りの6項目の要素が、テナントさんが出店するかどうかに関係してきます。購入時は両方見ているということです。退店の理由の中には、現テナントさんの経営姿勢が問題化したためということがあります。例えば、ブラック企業の烙印を押された場合や、飲食店で食品偽装が見付かった場合、顧客は離れていきますから売上が落ち込みます。そうしますと、その企業のいくつかの店舗は閉鎖に追い込まれます。そういうテナントの入っていた店舗は、同業種が狙っていたり、別業態のテナントが出店したいエリアにあったりします。こういうケースでは次のテナントを探すのに時間は掛かりません。ですが、その店舗だけの問題で退店するケースでは、次のテナントを見付けるのに苦労することがあります。店舗立地として今のテナントには向いているけど、他のテナントには向かない立地というのもあります。そのため、次のテナントを見付けるのに賃料を大幅に下げないといけない場合、それでも賃料が入らないよりいいと思って貸しますか？　それは資産価値を下げることになりますから、私なら売却を検討します。売却するとき損をしないで売れるかどうかを見ておかないと、投資として失敗に終わることになりかねません。先の10項目の要素で、80点以上だからと言って、絶対失敗しないという保証がある訳ではありません。投資ですから、常にリスクは潜んでいます。そのリスクを最小限にしていくのが運営です。買って終りでなく、買ってからが大事なのです。退店されて困るのが自分であるなら、テナントの売上に貢献するようなことも考える方がいいと思います。協力できることはさせていただくことで、「WIN－WINの関係」が築けます。ここはマンション投資と違う点です。マンション入居者と所有者間では利害は相反します。賃料の高い方がいいのが所有者で、入居者はその反対に賃料は低い方がいいということになります。この点だけをみれば、店舗も同じなのですが、店舗の場合、テナントさんの事業に何らかの貢献ができる所有者ですと、その貢献の結果、テナントの業績が良くなることで、賃料を上げてもらえることもあるのです。そういうことができる場合、少なくとも賃料の減額交渉はテナントさんからしにくくなります。そういう貢献が自分にできるかどうかを知っておくことも店舗所有者には必要なことかと思います。ただ店舗を貸しているだけなら、賃料の減額交渉もテナントは遠慮なくしてくるでしょう。そうならないように工夫することが資産価値を減らさないことにつながると、私は常々思っています。

(質問15　借入の時期)

鶴見：融資について教えてほしいのですが、借入は今（平成28年9月）がチャンスでしょうか？

和合：今は融資を受けるにはいいタイミングです。日銀のマイナス金利政策の影響で、銀行の融資利率が過去最低にまで下がっています。その点から言いますと、借入するにはチャンスです。この低金利がいつまでも続くと考えるか、いずれ金利は上がると考えるかによって、変動金利で借りる方が有利か、固定金利で借りる方が有利かという判断にもつながってきます。私は将来金利は上がると考えています。金利上昇をヘッジしたいと考えていますので、固定金利を選択しています。店舗の融資期間は通常15年、長くても20年です。全期間を固定で行くか、5年間あるいは、10年間だけ固定で行くかも考える必要があります。長期になればなるほど金利は高くなります。今はそれでも高い金利だとは思いません。私はほとんどの借入で全期間固定金利を利用しています。ただし、途中売却や繰上返済を考える方は、固定金利の場合、違約金の問題が発生するケースもありますので、それには注意をしてください。私の顧客の中には、この長期の固定金利を利用したいがために店舗を購入する人もいます。目的が家賃収入でなく、長期固定融資の利用なのです。仮に金利が高騰した場合、固定金利であれば大きなメリットが出ると思っておられる訳です。私も今は固定金利の借入チャンスと思っています。自己資金が豊富で借入しなくても購入できるというなら、融資期間10年の変動金利で当面の金利を抑え、万一金利が跳ね上がった時には、すぐに返済するというのもいいかと思います。この場合は、売価の半分ぐらい自己資金を投入してもキャッシュフローが回らないというケースがあります。他の不動産からのキャッシュフローがある場合、今後のキャッシュフローがどうなるか、どうしたいかをチェックして借入額を決めればいいと思います。

(質問16　安心店舗と利回りの関係)

鶴見：最後にもう一つだけお聞きします。安心して持てる店舗と利回りの関係について教えてください。

和合：非常に難しい質問ですね。私が購入するならという観点でお話しますと、まず利回りですが、いくら安心感のある店舗でも、最低7%以上というのが私の答えです。いくらいい店舗と思っても、利回りが7%以下の店舗は自己資金の問題で検討できないのです。買いたくても買えない店舗ということになりますから、最初から購入検討対象外店舗ということになります。自己資金の豊富な人であれば、もう少し利回りが低くても検討対象になります。大都市の中心部では、利回り5％以下の店舗もたくさん売りに出ていま す。これらの店舗を購入される層というのは、十分な資金力のある人です。そうでない人には買いたくても買えません。安心して持てる店舗の1つに、すでに10年以上その店舗を借りている大手テナントさん入居の店舗があります。このケースでは、価額も高くなってきますし、利回りも高くはありません。必然的に多くの自己資金が必要になってきます。はっきり言いますと、安心して持てる店舗を購入するには、豊富な自己資金が必要ということです。

鶴見：ご説明ありがとうございました。私自身が購入できる店舗というのが見えてきたような気がします。無理をせず、自分でリスクの取れる範囲の店舗から始めたいと思います。でも、思い切りがつかない場合は、店舗への投資はやめておきます。

和合：よく気付かれました。それが答えです。リスクと向き合い、無理はしないというのが投資の基本的な考え方です。リスクはなくなりません。必ずどこかに潜んでいます。そう思っておいてください。店舗投資のリスクを負えないと思ったら、やらないという決断をすべきです。そのことを踏まえた上で、鶴見さんのご健闘をお祈りいたします。

以上で、私の説明は終わります。紙面には書きたくても書けないこともありますし、書いてはいけないこともありますから、あえて書かなかったこともあります。講演でも話せないことがあるのと同じように、本にするには制約が多いのです。読者の皆様のすべての疑問が解けたとも思っていません。しかし、店舗に対して参考にしていただくには十分な内容になったかと思っています。これ以上に疑問をいだかれた人は、非常に興味を持っていただいた方か、不動産投資のことを十分にわかった人だと思います。その方々の次のステップは聞いて解くのではなく、自らの力で解くべき内容が多いような気がします。私には次にどのような質問が来るかわかっている部分もあります。でもそれは書かなかったところでありますから、ご勘弁ください。

第四章のまとめ

1. 店舗融資の期間は最長20年、通常15年として検討する。
2. 店舗購入には最低3000万円以上の自己資金が理想。
3. テナント退去の場合に、返済できない人は融資を受けないこと。
4. テナント募集は自らも直接テナントに出店依頼をする。

5. 平家建の店舗は地震リスクも低い。
6. 返済リスクを減じるために店舗を複数所有する。
7. 自分自身が店舗所有に向いているか見極める。
8. 店舗価値の一番は立地。
9. 店舗を見る目は、購入前提で現地を見る回数が多いほど養われる。
10. 店舗を購入したい人は、あらかじめ融資の準備が必要。
11. 自己資金額で買える店舗の価額帯が決まる。
12. 融資条件付き売買契約で、銀行に救われることもある。
13. 店舗購入の判断要素から、店舗の評価を自ら行う。
14. 出口は判断要素の一部。
15. 特に固定金利で借入するなら今がチャンス。
16. 安心して持てる店舗には資金力が必要。

おわりに

このたび、本書を上梓するに当たり過去の記憶を手繰り寄せて執筆を進めました。私がなぜ店舗に興味を持ったのかも、すでに読者の皆様にはおわかりいただけたかと思います。人生にはいろんな出会いがあります。人との出会いだけでなく、私が関わった不動産にも、「一つ一つの出会いは偶然ではなく必然」と思えてなりません。その出会いが人生を形作ると思えます。いかにその出会いをチャンスと思い、どう生かすかでその後の人生は変わると感じます。私の場合、あの大地主さんとの出会いがあって、店舗の魅力を教えていただけました。非常にありがたいことです。あの地主さんは今どうしておられるか、感謝の気持ちを伝えたいと思っています。私がリタイアしたときに、「地主さんとの出会いのおかげで、私もこれだけの店舗を所有するまでになりました。」と、ご報告に上がろうと秘かに思っております。もう数年後の楽しみというところです。

店舗の仲介や購入のたびに思うことがあります。それは、それぞれの店舗に歴史やドラマがあるということです。幾たびかテナントが変わり今のテナントに落ち着いた店舗や、改修、増築、あるいは減築を繰り返してきた店舗もあります。あるいは、最初から20年以上も同じテナントが借りている店舗や、多くのお客さんに利用され、愛されてきたのだろうなと感じる店舗もあります。売主さんからはその店舗に対する思い入れや愛着を感じたこともあります。テナントさんにも出店から今日までの運営の中で、いろんな出来事があって今があります。そういう思いや歴史があって売りに出されていると考えますと、単に不動産の仲介・売買として見るのではなく、店舗の歴史をつなぎ、店舗を利用されるお客さんの喜びやテナントさんの事業の成功、売主さん買主さんの幸せをも念じながら、ビジネスさせていただくことを肝に銘じております。

店舗の事例を書くに当たり、その時々の出来事を思い出しました。顧客Aさんと同行して北海道に決済に行ったとき、帰りの電車の中で財布を忘れられ、気持ちも沈みそうになったAさんでしたが、親切な方に拾われ無事見付かり戻ってきて、非常にうれしそうであったAさんのお顔とお声。顧客Bさんと契約も終わった寒い冬の日、帰りの最終便飛行機が整備不良で運航停止となり、仕方なく翌朝便を予約し、遅くなった夕食にラーメンを食べて現地のホテルに宿泊したこと。顧客Cさんと決済のために、私が運転する車で朝7時に出発し、道中私の不動産講義に耳を傾けていただいて、戻ったのは夜の9時、長い長いドライブをした1日であったこと等、一つ一つの不動産取引の中には、悲喜こもごもの出来事やドラマがありました。これらのことは文字にはしていませんが、文章の行間に含まれているのです。私が経験してきた不動産取引で共通して言えますことは、どれ一つ取り上げましても、簡単にしてスムーズにいった取引がなかったことです。取引の前後、あるいは最中に何らかの問題が発生しました。まだまだ私が未熟であることも一つの要因ではありますが、注意しても仕切れないこともまた起こることがあるものです。その時、決して慌てず、知恵を出し合い、最善の方法を考え解決に導いていくのがプロの仕事と思ってやってまいりました。冷や汗をかきながらも、今日まで私を信頼し、お付き合いしてくださったお客様方と出会えたことに感謝しております。

本書の読者対象をどのような方々にするか、執筆前に思案しました。店舗投資は、不動産投資の初心者にはできないかと言いますと、そんなことはありません。しかし、資力がないとできないことは確かです。不動産投資に興味を持たれて、いきなり店舗から入られたという顧客はいません。これまで仲介等をさせていただいたすべての顧客の共通点は、マンションやアパートを所有されていることです。そうしますと、やはり本書は不動産投資の中・上級者の方向けになるかと思いました。加えて、資金力のある資産家の方、土地活用を考えておられる地主の方、そして不動産業者の方々にも読んでいただければと思って書き上げました。読者の皆様に、少しでも店舗の魅力を感じていただければうれしく思います。また、店舗は流通量が少ないため、各々の不動産業者さんにとりましては、仲介をする機会の少ない不動産です。ですから、店舗仲介に慣れておられない不動産業者さんも少なくないと思います。本書に触れて、店舗に興味をもって仲介業務等のお役に立てていただければ幸いです。

最後になりますが、私の拙い表現や、言わずもがなの表現、高慢な表現等で、もしお気に障るような文章がございましたら、どうかご勘弁くださいますようにお願い申し上げます。読者の皆様におかれましては、最後までお目通しくださり、誠にありがとうございました。皆様のご健勝を祈念いたしまして、本書の締め括りとさせていただきます。

和合　実

■和合　実（わごう みのる）

昭和34年（1959年）生まれ。　神戸大学大学院法学研究科修了。

昭和55年度国税専門官採用試験合格。国税調査官として所得税・法人税の調査等に従事の後、活躍の場を民間に求め退官。

平成元年大手建設会社に入社。その翌年より土地活用の提案型営業に従事。

15年前より時代のニーズを感じ、収益不動産関連のコンサルティング営業を開始。

ユニークな発想と、誠実な人柄で個人顧客の信頼を得、ファンも多い。

自ら講師となって、収益不動産の見方等を講義する『トレジャー発見勉強会』を主催。講義回数は延べ400回を超える。

平成20年２月に独立し、和合実事務所を開設。翌年法人化。

主な業務は、講演・執筆・コンサルティング・仲介・ファイナンスサポート等。

現在は、全国を舞台に「お勧め店舗」を求め、仲介だけでなく自らも店舗を購入（所有）し、収益不動産の専門家として活躍中。

●著書『収益不動産所有の極意』（清文社）平成18年３月刊行
『出口からみる収益不動産投資』（清文社）平成19年３月刊行
『一目瞭然！数値で発掘 収益不動産』（清文社）平成20年３月刊行
『知れば得する収益不動産』（清文社）平成22年１月刊行

●連絡先：株式会社 和合実事務所
〒531-0071　大阪市北区中津３－７－１５
ドーノ・ダル・チェーロ うめきた１０３号
●E-mail：jimusho@wago-minoru.com
●URL：http://www.wago-minoru.com

『収益店舗《しゅうえきてんぽ》』所有《しょゆう》の極意《ごくい》

2016年11月21日　発行

著　者　和合《わごう》　実《みのる》 ©

発行者　小泉 定裕

発行所　株式会社 清文社

東京都千代田区内神田1－6－6（MIFビル）
〒101-0047　電話 03(6273)7946　FAX 03(3518)0299
大阪市北区天神橋2丁目北2－6（大和南森町ビル）
〒530-0041　電話 06(6135)4050　FAX 06(6135)4059
URL http://www.skattsei.co.jp/

印刷：大村印刷㈱

■本書の内容に関するお問い合わせは編集部までFAX(06-6135-4056)でお願いします。

ISBN978-4-433-67456-4